最高の自分を発揮する極意がわかる イラスト図解版

イチローに学ぶ

勝利する人の習慣術

鹿屋体育大学教授
児玉光雄

河出書房新社

まえがき

成功者イチローのごとく「最高の自分」を発揮するヒント

二〇〇九年のシーズン、イチローは胃潰瘍《いかいよう》のため開幕からの八試合を欠場したにもかかわらず、八月四日現在、四三一打数一五七安打、打率三割六分《ぶ》四厘《りん》と快進撃を続けている。九年連続二〇〇安打というメジャー新記録をほぼ確実にしているにもかかわらず、イチローに手綱《たづな》を緩《ゆる》める気配はまったくない。

ある領域に達するとそこで満足してしまう人間と、そこで新たな課題を見つけてさらに上昇していける人間がいる。イチローは、後者に属する典型的な人間である。

つらいとき、イチローはかならず「野球が好き」という原点にもどる。好きなことをしている自分がいる。ならば、ヒットが打てない事実なんて「ぜいたくな悩み」である。そう考えられるわけである。

自分の仕事に誇《ほこ》りをもちながら、ありのままの自分をさらけ出す。それがなければ、オリジナリティのある仕事など確立できるわけがない。

時代は、確実に「画一性の時代」から「個の時代」に変容《へんよう》しつつある。組織の中枢《ちゅうすう》からジェネラリストという「優等生」がどんどん排除され、固有の才能を身につけた「プロフェッショナル」の集団が組織の核に置き換えられつつある。ますます過酷《かこく》になる競争社会の中で生き残るためには、なんとしても固有の才能を身につけてオリジナリティを主張しなければならない。

これに関して、イチローはこう語っている。

「なんとか人と同じじゃなくて、人と比べて抜きんでていないといけないって思っていましたから、『こういうふうに打たなくてはいけない』みたいに周りから言われる言葉には常に反抗していましたよね。ただし、基本は大事にして、そこから外《はず》れないようにはしていましたけどね」

自分の仕事にオリジナリティをもてるかどうかは、「自分はこうしたい」という気持ちをどれだけ強く自分に問いかけることができるかにかかっている。けっきょく、仕事の中に自分の存在価値をしっかり反映させるしかない。

あるインタビューでイチローはこう語っている。

「世の中の流れに乗ってしまうことの怖さ、何が大事なのかということは、自分で知っておかなければなりません。それを第三者によって壊《こわ》されるような自分がいてはいけない」

一本でも多くヒットを打つ、一つでも多く盗塁をする、一人でも多く走者を刺《さ》す。彼の興味の対象はこれらの単純作業に絞《しぼ》りこまれている。

うまくいったことも、あるいはうまくいかなかったことも、すべてを受け入れて粘《ねば》り強くベストをつくす。あなたの仕事において、この単純なルールを貫《つらぬ》きとおせば、かならず成功に行き当たる。イチローは、そのことの大切さを、私たちの目の前でわかりやすく示してくれている。

極限にまで自分のプレーを突きつめる。それがイチロー究極の目標である。

この本で紹介したイチローの生きかたを学んで、彼の思考や行動パターンを仕事に取りこめば、あなたは日々の業務で間違いなくヒットを量産できるようになるはずだ。

児玉光雄

イチローに学ぶ　勝利する人の習慣術

《もくじ》

プロローグ

時代に輝きを放つ、理想の成功者イチロー

彼は、誰も真似できない「天才」なのか

第1章

見えない努力を怠らないイチローに学ぶ

常に成長し続けられる人の習慣術

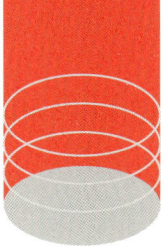

Contents

第2章

信念をもって主体的に動くイチローに学ぶ
自分の力を発揮できる人の習慣術

第3章

逆境もチャンスにするイチローに学ぶ
ものごとに動じない人の習慣術

第4章

独自のスタイルで結果を残すイチローに学ぶ
壁を乗り越えられる人の習慣術

Contents

プロローグ

時代に輝きを放つ理想の成功者イチロー

彼は、誰も真似できない「天才」なのか

「天才」と「凡人」を分けるもの

苦しみの中にこそ、進化のヒントが隠されている

二〇〇九年四月一六日の対エンゼルス戦の四回、イチローは左腕ソーンダースの投げた速球をライト前に運び、それまで張本《はりもと》勲《いさお》氏が保持していた三〇八五本の生涯通算安打の日本記録を更新した。

しかもそれは、スタンドで観戦していた張本氏の前で打ったヒットだった。

試合後、イチローはこう語っている。

「張本さんの飛行機を延長しなくてよかった。明日（日本に）帰ると言われていたんで、やらなきゃいけないプレッシャーがあった。そのことが一番重要でした」（nikkansports.com）

イチローはシーズン開始前に胃潰瘍《いかいよう》を患《わずら》い、八試合を欠場した。しかし、復帰直後から猛烈《もうれつ》に打ち続け、現在も快進撃を続けている。前人未踏《ぜんじんみとう》の九年連続二〇〇本安打の大記録はほぼ間違いないだろう。

一打席一打席を大事にしながら丹念《たんねん》にヒットを重ねていった結果の三〇八六本である。プロセスにしか関心を示さないイチローにとって、この記録は通過点にしか映らない。

イチローほど過去を捨てて気持ちをリセットできるアスリートは見当たらない。彼がバッターボックスに立つときに見せる、バットを一回転させ、左手でユニフォームの右肩を軽くつまむお決まりの動作。これこそ自身を無の境地に導く彼特有の「リセットの儀式」である。

毎打席気持ちをリセットして投手に立ち向かう。このくり返しが、イチローに驚くべき記録をプレゼントしていると言えなくはない。イチローにとっては、打ち立てたどんなに凄《すご》い記録も、当たり前のことをして打ち立てた当たり前の数字にすぎない。べつに驚くようなことは何もない。そういう思いがイチローにはある。

イチローは、自分に対してとてつもなく厳しい。どんどん自分を追い込んでいくことによってこれまで成長してきた。苦しさの中に進歩のヒントがあると確信して真っ向から立ち向かっていく。だから、苦しささえも見事にエネルギーに変えてしまう。

イチローの生きざまを観察していると、「楽しさ」とか「苦しさ」の感じ方には、つくづく個人差があることがわかる。**「楽しさの中にしか喜びは見いだせない」というのが凡人《ぼんじん》の発想である。できるだけ早く苦しさから逃《のが》れて、楽しさの中に逃げ込もうとする。**

ところが、イチローの発想はまったく違う。自《みずか》ら苦しさ

過去を
振りはらい
目の前の仕事
に没頭！
ストイックに
自分を追いこみ
進化のヒントを
見いだす！
勝負に
挑むとき、
絶対に
逃げない！

何があっても平常心を崩さず、確実に結果を残し、日々進化をとげるイチロー。そこには、ビジネスや人生にも応用できる“成功の極意”が詰まっている

の中に飛び込んでいって、その中に面白さを見つけることに生きがいを見いだしている。この発想ができれば、誰でも天才になれるような気がしてくるから不思議である。

苦しみの中に進化のヒントがあることに気づいている人間は、イチローを含めてこの世の中にはそれほど多くない。**苦しみと格闘しながら勝ちとった喜びは、苦しさをともなわない喜びより何倍も充実し**ていることを、イチローは誰よりもよく知っている。それは、自分を追い込んでいく生き方の中で、肌で感じとったものだ。

スランプが続いたとき、「なんとか早くここから抜け出さなくては」と考えてはいけない。焦《あせ》る気持ちが結果をますます悪い方向に導いていく。

そんなときにも、「目の前の仕事に全力を尽《つ》くすだけ」と考えて、淡々《たんたん》と目の前の仕事をこなす。これが、あなたに偉大《いだい》な仕事をさせてくれる。

イチローの「凄さ」の理由

過去の記憶を断ち切り、ただ目の前の仕事に没頭する

二〇〇九年六月四日、この日の対オリオールズ戦でイチローは第二打席、一、二塁間を破るヒットを打って、連続試合安打の自己記録を二七に伸ばす。

残念ながら次の試合で無安打となり、この記録は途絶《とだ》える。六日の対ツインズ戦の最終打席、イチローは空振りの三振に終わり、試合後ポツリと「悔《くや》しいね」とだけ言い残して球場を後にした。

この記録更新中にも、イチローは、「それ（記録に執着《しゅうちゃく》していないこと）は変わっていないですよ。ただ（途中から）興味を持ちながらやっていました」と語っている。

五月六日から始まった自身の記録はちょうど一か月後に途絶えたが、その間の成績は二七試合で四七安打の固め打ち。九年連続二〇〇本安打に弾《はず》みをつけたことは間違いない。

たとえ記録が途絶えても、平常心をくずさず、日々淡々とやるべきことをこなしていく。そういう思考パターンがイチローを凄いメジャーリーガーに仕立てている。

現在という一瞬の行動に全精力を注ぎ込むには、良い出来事さえも邪魔《じゃま》になることを、イチローは過去の豊富な経験から悟《さと》り切っている。

うまくいかなくても、あるいはうまくいったとしても、終わってしまったことは自分の脳裏《のうり》からきれいさっぱり洗い流す。この思考パターンが、イチローを天才に仕立てている。

なかには、「良い出来事を記憶に残しておいたほうが、その後の人生にプラスになる」と説く心理学者がいるかもし

れない。しかし、良い出来事に浮かれていると、油断が生じて足元をすくわれる。

　バッターボックスの中での成功の数が他の打者より圧倒的に多いイチローにとっていちばん大事にしなければならないことは、すべてを捨てて現在という瞬間に意識を傾《かたむ》けることなのだ。

　私たちは現在という一瞬にしか生きることはできない。過去に戻ることもできなければ、もちろん未来にも飛んでいけない。けっきょく、すべてを捨て去って現在に没頭《ぼっとう》しない限り、目の前の仕事を最高のものにすることはできない。イチローほどこのことの大切さを知っている人間を探すのは、それほど簡単なことではない。

夢のオールスターでの真剣勝負

比類なき〝人間力〟は、結果を恐れぬ積極性から生まれる

　二〇〇九年七月一四日、メジャーのオールスターゲームが行なわれ、九年連続出場を果たしたイチローは、一番ライトで先発出場した。

　じつは、前日にイチロー自身が破るまでのシーズン通算ヒットの記録を保持していたジョージ・シスラーの墓前《ぼぜん》を訪れ、手を合わせた。そこに刻《きざ》まれたシスラーの亡くなった日が、自分が生まれた日のほぼ半年前だった事実も、イチローに何か運命的なものを感じさせたはずだ。

　試合前、クラブハウスを訪問したオバマ大統領との対面で、「どうしてそんなに肩が強くなったのかい？　君の大ファンなんだ」と、声をかけられ、イチローは感激した。それだけでなく、ちゃっかりボールにサインまでしてもらった。

　そして、オバマ大統領の始球式に続いてアメリカン・リーグの先頭バッターとして入ったイチローは、大統領の見守るなか、その第一打席で昨年のサイヤング賞に輝《かがや》いたナショナル・リーグを代表するピッチャー、リンスカム（ジャイアンツ）と対戦。初球を強振したボールは惜《お》しくもポール右に切れる。

　じつは、イチローは前夜ア・リーグの指揮《しき》をしたマドン監督にレストランでワインをごちそうになっている。

「きのう、マドン監督とレストランで偶然会ってワインをごちそうになった。その代わりファーストピッチ・ホームラン（初球本塁打）を打てと言われた。振らなきゃしようがない状況だったから狙《ねら》っていました」

　そしてその五球目、イチローが思い切り振ったバットから二点先制のきっかけをつくるライト前ヒットが飛び出した。

　勝負に挑《いど》むとき、イチローは逃げない。果敢《かかん》にバットを振りにいく。いっぽう、並の人間は勝負どころの大事な場面で消極的になる。投手の投げたボールをとりあえず見ようという消極的な気持ちになって見送ってしまう。

　イチローはそれが我慢《がまん》できない。一年にたった一試合しかないオールスターの大舞台。この一瞬にイチローは命を懸《か》ける。もちろん、相手の投手も必死である。

　メジャー最初のオールスターではランディ・ジョンソン（当時ダイヤモンドバックス、現ジャイアンツ）、二年目はカート・シリング（当時ダイヤモンドバックス、レッドソックスを経て二〇〇九年に引退）、そして今年がリンスカムである。

　リーグ最高の投手が最高の球を投げてくる。自分のもっとも得意な球でストライクを取りにきてイチローのバットが空《くう》を切るのを見ようとする。イチローの側からすると、その球を見逃すとチャンスは二度と戻ってこない。まさに大舞台の真剣勝負である。

けっきょく、二〇〇九年オールスターゲームのイチローの成績は三打数一安打。9回の通算成績は二四打数八安打、打率三割三分三厘《ぶりん》という成績が残った。

勝負がかかったとき、とにかく逃げないでバットを振ろう。たとえ空振りしようが凡《ぼん》打《だ》になろうが、構わない。とにかくバットを振らなければ悔いが残る。結果を度外視《どがいし》した積極性が、一流の人間をつくり上げる。

一本でも多くヒットを打つために

単純作業の積み重ねが「人生の軸」を育み、堅固にする

二〇〇八年九月一七日、対ロイヤルズ戦でイチローはメジャータイ記録となる八年連続二〇〇本安打を達成した。今季通算一九七安打でこの試合に臨《のぞ》んだイチローは、第四打席目にこの日三本目のショート内野安打を放ち、日米通算三〇〇〇回目の猛打賞（一試合で三安打以上）で大台に到達した。

誰もが到達できなかったこの記録に、イチローは一〇七年の歳月《さいげつ》を超えて並んだのである。

敵地カンザスシティーのカウフマンスタジアムのファンの祝福に応《こた》えたイチローは試合後こう語った。

「めちゃくちゃしんどかったです。今年は何としても二〇〇本を外《はず》せない年。0から意識する年でしたからね。めちゃくちゃうれしい。それを見せるか見せないかですけどね」

毎年のことであるが、一七〇本をクリアした八月下旬頃からさいなまれる、イチローが「恐怖」と表現する最高潮《ちょう》のプレッシャーとの戦いを乗り越えての大記録達成である。

イチローにとっての最大の興味の対象は、打率ではなく、安打数である。

「他の打者との比較で上がったり下がったりする打率に一《いっ》喜《き》一憂《いちゆう》することは自分の性分《しょうぶん》に合わない」と、彼は言う。

それよりも、「一本ずつヒットを積み上げていくという目標は明快であり、かつ具体的に試合に貢献《こうけん》できるものである」という思いがある。

仕事の中に軸《じく》をしっかりとつくっている人は強い。軸のないコマが回らないように、軸のない人生はむなしい。それだけでなく、軸が少しでも曲がっていると、コマはすぐにバランスを失って倒れてしまう。

人生の軸というのは、たいていの場合、飽き飽きするような単純作業である。

イチローのメジャーリーガーとしての軸は、ヒットを一本でも多く打つことである。そのことに絞《しぼ》り込んで、とことん自分を追いつめる。イチローは、このことを人生の軸にして、二〇年以上も休むことなく追い求め続けている職人である。人生の軸を見つけてそれにのめり込む。これは大切なことである。

考えてみれば、一人の人間に与えられている人生の時間は、いろいろなことに手を出すほど十分ではない。**単純作業の量をこなすことにより、人生の軸ができ、そこから自然に個性も育つ。**

イチローが一番打者として、「誰よりもヒットを多く打つ」という単純作業をテーマにしていることこそ、彼の個性そのものである。

つまり、**個性というのは、自分で意図的につくり出すものではなく、単純作業をひたすら貫《つらぬ》くことによって自然に形成されるものなのである。**

イチローにとってのヒットを打つという単純作業を、あなたの目の前の仕事の中に探して、それにひたすらのめり込んで最高のものに仕上げよう。

その行動パターンが、あんがい簡単にあなたの人生を成功に導いてくれるはずだ。

第1章

見えない努力を怠らないイチローに学ぶ

常に成長し続けられる人の習慣術

「自分には才能がない」「人をひきつける魅力がない」「運がない」…と、不満足な状況を素質や不運のせいにする人がいます。では「天才」とよばれる人たちは、どうなのか。少年時代から人の何倍もの練習をし、負けを闘志に換えてきたイチローの思考法と粘《ねば》り力とは…。

「すぐに自信がなくなる」という人へのアドバイス

自信家だった人が、ちょっとした失敗で自信をなくす…。気分のムラは仕事のムラにつながります。でも、「信念」をもっている人は大丈夫。さて、あなたは？

目標の達成には「自信」より「信念」がものを言う

うまくいかないことがあると、「自信」の量はいとも簡単に減ってしまうが、「信念」は、困難な状況にあっても変わらない。信念は“強烈な思いこみ”ゆえに、不安さえ前へ進むエネルギーに変えてくれるのだ

イチローを連日の厳しい練習に駆《か》り立てたのは、「なんとしてもプロ野球選手になるんだ！」という強い信念である。

「ボクがプロ野球選手になりたいと思ったのは、小学四年のときです。そのころから野球はテレビで観るものではなく、球場の中にいる選手になりたいと思っていました」

夢を実現したいなら、「自信」だけでは不十分。うまくいったときには、誰でも自信の量は増える。いっぽう、うまくいかないことが続くと、自信の量は心の中からどんどん減っていく。

ところが、「夢を実現させるんだ！」という強烈な思い込みに関していえば、その量はどんな状況にあっても不変である。

山登りにたとえると、「自信」は登山愛好家であり、「信念」は有能なロッククライマーである。

二人の目標は同じく頂上に立つことである。天候が安定しているときには、両者の差はあまり認められない。

ところが、天候が悪化すると両者の差は歴然《れきぜん》となる。

登山愛好家は「豪雨が降ったら登山道が閉鎖されるかもしれない。登山は中止しよう」と考えて、頂上を目指すことを断念して下山する。

いっぽうロッククライマーは、たとえ悪天候でもあらゆる手段を講じて頂上を目指す。過去に誰も試みたことのない岩場のルートを見いだして、悪戦苦闘しながら登頂に成功する。ここが、頂上に唯一《ゆいいつ》通じている道を歩くことだけが頼りの登山愛好家との決定的な違いである。

このように、自信はくずれやすいが、信念が強烈な思い込みである以上、事態がどんなに悪くなってもくずれることはない。不安は自信を帳消しにしてしまうことがあるが、信念は不安までもエネルギーに取り込んでしまう。

それに加えて、イチローの信念をより強固なものにしたのが父、宣之《のぶゆき》さんの激励《げきれい》である。間違っても、「さあ、イチロー。野球はそろそろ終わりだ。早く帰って勉強しろ」とは言わなかった。

事あるごとに、「イチロー、いいぞ。この調子でがんばれば、おまえの望みどおりのプロになれるぞ」と後押しした。

アメリカの研究でも、達成欲求は親との関係による影響が大きく、幼いころに形成された欲求ほど強烈だという。

とくに、父親が「失敗してもいいから、自分でやりなさい」と自立心を育てるような態度で接しているとき、子どもの達成欲求は最高になるという。

自立心を育てる親の励《はげ》ましが、子どもの夢を大きく成長させるのである。

負けを認めるべきか、負けを忘れるべきか？

勝者と敗者を分けるのは、失敗をどうとらえるかにある。負けず嫌いなイチローも、結果だけをみれば6割以上がノーヒット。自分の失敗とどう向き合う？

失敗しても、負けても、それで終わらせない

実力を伸ばしていける人と伸び悩む人の差は、「失敗」をどう受け止めるか。一度や二度の失敗にクヨクヨせず、その経験をバネにチャレンジし続ける気合が、あなたを「成功」へと導いてくれる

イチローの心理構造を探っていくと、いくつかの興味ある特徴にぶつかる。

まず、彼は「負けることを恐れない」人間である。もう少しわかりやすく表現すると、人一倍負けず嫌《ぎら》いなのである。

母親の淑江《よしえ》さんがこんな話をしている。

「ウチの家族は、10月のイチロー、11月のお兄ちゃん、12月のお父さん、1月の私と誕生日が毎月続くんです。子供のころのイチローは、〝ぼくが一番早く誕生日が来るのに、なんで一番小さいんだ〟と言ってだだをこねて泣くんです。とにかく、人よりも下と言われるのが昔からイヤだったみたいです。小さいなんて言われようものなら、取っ組み合いになりましたから」（『イチロー「勝利の方程式」』永谷脩／三笠書房）

イチローの幼心《おさなごころ》の中には、すでに人一倍の負けず嫌いが芽生《めば》えていた。ピッチャーとして活躍した愛工大名電《あいこうだいめいでん》高校時代にも、入部直後の松商《まつしょう》学園戦でボカボカに打ち込まれて、人生で唯一「野球をやめたい」と宣之さんに漏《も》らしたことがある。

愛工大名電高校の中村豪《たけし》監督がこう語っている。

「イチローは、試合に負けてもそのことを一切口にしませんでした。人一倍の悔《く》しがりやだから、負けるように仕向けるとムキになってやる。しかし、そのいっぽうで、人に関係なく、自分で決めたノルマを淡々《たんたん》とこなしていくクールさも持っていました」

イチローは負けを悔しさに変えて、かならずそれをバネにして飛躍《ひやく》してきた。

野球にも、そして人生にも「負け」はかならず存在する。負けを恐れるのではなく、負けをバネにして飛躍すればいい。負けはその日限りのもの。負けたらその悔しさをバネにして、明日に勝利を奪いとればよい。

負けて挫折《ざせつ》している暇《ひま》なんかない。負けたことを闘志に変えて、なんとしても次の勝利に結びつける。そのこだわりが成功者の特権である。

アメリカン・フットボール史上に残る伝説的な名手ビンス・ロンバルディが語った、私の大好きな言葉がある。

「ノックダウンされるかどうかは問題じゃない。大事なのは、立ち上がれるかどうかなんだ。挑戦することをやめない限り、完全に負けることなんて絶対にないんだ」

つまり、**人生というゲームは、負けても負けても、はい上がることのできる「敗者復活戦」の連続**なのである。一〇回続けて負けても、一一回目に勝てば、それだけで勝利者になれるゲームなのだ。

「敗者は負けを負けとしてとらえ、勝者は負けを勝つことへのバネにする」のである。

タイガー・ウッズも血のにじむ練習をした

結果が出ないといって、すぐに諦《あきら》める人がいます。でも、どんな天才も必ず、粘り強い努力と忍耐を経験しています。あなたのそれは十分ですか？

「イチローが本格的に野球を始めたのは、小学三年のときである」

と、宣之さんは語っているが、すでに三歳のときにプラスチックのバットとボールをイチローのために買っている。

そして、遊びに行くときには、かならずそれを持ち歩き、イチローはバットとボールを使っていつまでも遊んでいたという。

イチローに偉大《いだい》な才能を与えたのは、名古屋空港の近くにあるバッティングセンターである。イチローは小学三年から中学三年までの七年間、そこに毎日通いつめた。

それも一週間に一日くらいは休むといったレベルの生易《なまやさ》しいものではない。一年間に三六三日通いつめたという。休んだ二日は、バッティングセンターが休業した、正月の二日間だけだった。

世の中を見渡せば、天才はどこにでもゴロゴロ転がっている。**才能は、成功するための一つの要素にすぎない。**天才と言われる人間であっても、絶え間ない精進《しょうじん》をくり返して、初めて彼らは成功者の仲間入りをすることができる。

イチローが一流選手としての称号を得たのは、二一〇本の安打を打ち、打率三割八分《ぶ》五厘《りん》で首位打者に輝いた九四年の秋である。本格的に練習を始めた小学三年のときからすでに一三年経過している。

ゴルフ界のスーパースター、タイガー・ウッズは三歳でゴルフを始めた。初めて七〇台のスコアを出したのが八歳のとき。一二歳のときに初めて六〇台のスコアを出す。そして、全米ジュニア選手権で一五歳のとき優勝。

しかし、彼が名実ともにアマチュアのトップにたどり着いたときをトップアスリートの仲間入りをしたときと、私は判断する。彼が一八歳になった九三年、彼は全米アマチュアチャンピオンとなった。やはりゴルフを始めて一四年の年月が流れている。

これからもわかるように、**偉大な仕事を達成するには、才能のある人間でも最低一〇年以上の血のにじむような努力をして、やっと達成されるものなのだ。**

これはスポーツに限らず、ビジネスの世界においても同じこと。偉大な成功は一夜にして突然成し遂《と》げられるものではない。

アトランタ・オリンピックの陸上で史上初の二〇〇メートルと四〇〇メートルで金メダルを獲得したマイケル・ジョンソンも、同様に「努力の人」である。

私の大好きな彼の言葉がある。

「私は高校生のころ、二〇〇メートルを二一秒で走っていた。高校生としては、まずまずの成績だった。それから一〇年間の絶え間ない努力によって、一九・五秒で走れるようになった。一〇年間でたった一・五秒。しかし、これが平凡な選手と世界一の選手との差なのである」

わずか一・五秒縮《ちぢ》めることにジョンソンは自分の人生を賭《か》けた。そして、それを成し遂げて偉大なアスリートになった。

「天才は一パーセントの才能

才能開花は、一日にしてならず

成功
挫折
失敗
失敗したからといって立ち止まったままでは、自ら成功の可能性を閉ざしてしまっているようなもの

どんな成功も、そうやすやすとは手に入らない。失敗に失敗を重ね、辛抱強く粘り強く挑戦し続けてこそ、着実に力がつき、成功への階段をのぼっていける

成功
もうひとふんばり！成功は近いはず!!
まだまだ力不足…もっとレベルUPしないと
スキルUP!! よ〜し いい感じだ
がんばるぞ！
なんでうまくいかないんだ
クレーム
クレーム
クレーム

と、九九パーセントの汗によって生まれる」と言ったのは、あの発明王トーマス・エジソンである。この言葉は、アメリカ国民の心の中に、しっかりと根づいている。

電球を発明したエジソンは、そのフィラメント（発光コイル）の素材にたどり着くまで、数千種類の素材を試している。失敗に失敗を重ねた末、最後に行き着いたのが、日本の竹であった。もしも竹にめぐり合うまでにエジソンがあきらめていたら、電球の誕生はずっと遅れていたはずだ。

忍耐と粘《ねば》り強さこそ、成功者の保有する最大の武器であり、共通点である。まさに**「継続は力」**なのである。

あなたには、粘り強く淡々とこなしている興味の対象があるだろうか？

もしもなければ、今すぐそれを見つけよう。そして、今日からその才能に磨《みが》きをかけることを始めよう。そうすれば、黙《だま》っていてもあなたは成功への階段を上っていける。

ラクなノルマでノルか 厳しいノルマを課すか

あなたは目標をどこにおいて仕事をしていますか？軽々クリアして気分よくなるか、難題に挑戦するか…。「最高の意欲」を発揮し続けるには？

イチローは「空港バッティングセンター」に一日二回行くことも珍《めずら》しくなかった。とにかくよく練習をする子どもであったことは間違いない。

一回行くたびにイチローは最低でも五ゲームは打った。平均すると七~八ゲーム。雨が降っても、雪が降っても、この挑戦は続いたという。一ゲーム二五球で二〇〇円かかったから、一日平均一五〇〇円。一か月で四~五万円かかるわけである。

父の宣之さんは、ただ漫然《まんぜん》とイチローにつきあったわけではない。イチローが意欲的に練習できるよう、マシーンのスピードを調整したという。

小学三~四年生のときは時速一〇〇キロ、五年生になると一一〇キロ、六年生の終わりには一二〇キロに調整した。

そのうち時速一二〇キロまでしか出ないマシーンでは物足りなくなり、宣之さんはバッティングセンターの責任者に、もう少し速い球が出ないだろうかと相談をもちかける。すると、「イッ君専用のマシンをつくってあげよう」と、費用はセンター持ちで特注のバネを導入して一三〇キロまで出るように改造してくれた。

しかし、それでもイチローが物足りなくなると、宣之さんは今度は実際のバッターボックスよりも二、三メートル前に出てボールを打たせたという。

最終的には、イチローは、プロのピッチャーが投げる時速一五〇キロの球に対応できる打ち方を体で覚えていった。

もしも、イチローが一人でバッティングセンターに通ったとしたら、今のイチローは決して生まれていない、と私は考えている。イチローの意欲が最大限になるように、宣之さんがマシンの条件をセットしたことが、イチローの飛躍を実現させた。

これに関して、ハーバード大学の心理学者、デビッド・マクルランド博士が興味ある実験をしている。それは「成功予想テスト」と呼ばれるものである。

実験はいたって単純なものである。輪投げを、標的に向かって一人当たり五回投げるというもの。ただし、標的までの距離は、輪投げをする人が自由に決めてよい。博士は、それぞれの人の表情や意気込みをこと細かに観察した。

その結果、もっとも意欲的に輪投げゲームに取り組んだのは、入る可能性が五回のうち三回入る距離に挑戦したときで、それよりも距離が長くなっても距離が短くなっても、意欲は低いものだったという。

つまり、**最高の努力をしてなんとかやり遂げられるレベルこそ、最高の意欲を生み出す条件**なのである。

宣之さんはそのことをよく心得ていて、イチローの意欲が最大限になる練習条件をしっかりと設定していた。

これは私たちの仕事や趣味にも十分活用できる。あなたの意欲が最高レベルになるように仕事や趣味の水準を調整してみよう。易《やさ》しすぎても、難しすぎてもいけない。

そうすれば、実現困難だと思われる目標も、あんがい楽にクリアできるようになる。

「最高の意欲」を発揮できる条件

目標のレベルが高すぎると、「どうせ無理だろう」「達成できる実感がわかない」という思いに駆られ、やる気がわいてこない

目標がやさしすぎても、「絶対に達成したい！」という欲求につながらず、アグレッシブになれない

「最高の努力」をして挑戦すればなんとかやり遂げられるかもしれない…
そんなレベルを目標にすれば、「最高の意欲」がふつふつとわいてきて、行動的になれ、クリエイティブな仕事ができる

「小さな達成感」を積み重ねる大切さ

大きな目標は大いに結構。でも、途中で息切れしてしまう人がいます。目標を小単位に区切ってクリアしていけば、とんでもない単位の仕事が…。

イチローの練習につきあったとき、宣之さんは飽《あ》きないように、さまざまな工夫を凝《こ》らしている。

球がもったいないからと、バッティングセンターでは誰もがマシンから打ち出されるボールを全部打ってしまう。

宣之さんは「ボール球は絶対打つな！　一ゲーム二五球の全部がボールでも構わん。振るな！」とイチローに指示したという。

ボール球を打つとフォームがくずれるし、選球眼《せんきゅうがん》も養《やしな》われない。

小学生のイチローにとって二〇〇〜二五〇球のボールを打ち続けることは並大抵《なみたいてい》のことではない。

「二五球単位でゲームをするという工夫が、五ゲーム、七ゲーム、そして一〇ゲームと興味を持ちながら練習を持続させることに役立った」と宣之さんは当時を振り返る。

目標をできるだけ最小単位に区切るテクニックが、興味や集中を持続させてくれる。「小さな単位に人間は騙《だま》されやすい」という心理学を応用したテクニックは、意外なところで活用されている。

趣味や仕事を持続させるときにも、このテクニックは使える。目標をできるだけ小さい単位で表示してやれば、興味や集中力は黙っていても持続する。

たとえば、ジョギングを習慣化させたいのなら、毎月六〇キロという目標よりも、毎日二キロという目標のほうがやる気が出る。

私の場合、出版社から依頼を受けて一か月で一冊の本を書き上げる場合がある。そんなときも、一か月で九万字を書くという目標を掲《かか》げたら、気持ちが重くなる。ところが、一日三〇〇〇字（原稿用紙七・五枚）と考えると、「これならできる」と感じられるようになる。

綱《つな》引きの全国大会に出るチームのコーチから聞いた話であるが、練習の最中に「綱を絶対放すなよ！」と命令すると、メンバーの力が出ないという。

ところが、全力で綱を引き合っている最中に「もう一〇秒全力で引いてみろ」とハッパをかけると、彼らは驚くべき力を発揮するという。

あと一〇秒というように、目標がわかると、人間は最大の力を出せるようにできている。

たとえば、通勤電車は英語のヒアリングの格好の練習場である。

あなたが「一か月二〇時間ヒアリング実行」という目標を打ち立てたとする。片道三〇分の電車通勤をしている人なら、一日一時間をヒアリングに振り向けることができる。これなら一か月二〇時間は簡単にクリアできる。

ダイエットでも、「一か月一〇キロ減量」という目標を掲げるから、やる気が起こらない。

目標を「区切る」テクニック

最初から大きすぎる目標に挑んでも、何にどう手をつけていいのかわからず、心が折れてしまう。大きな目標とは、“小さな目標のあつまり”なのだ…

目標を“最小単位”に区切れば、「興味」と「集中力」が持続でき、ひとつひとつ確実にこなしていける。それを着実に続けていけば、最後には大きな仕事をなすことができる

それを、「一日三〇〇グラム減量」と考えたらどうだろう。そうすれば、「よし、がんばるぞ」というファイトが自然にわいてくる。

これと同じで、宣之さんが「今日は二五〇球打つまでは帰らないぞ」と命令すれば、練習は長続きしなかっただろう。

「もう一ゲーム！　もう二五球！」とくり返すうちに、イチローはアッという間に二五〇球打っていたという。それがイチローを〝練習の虫〟に仕立て上げた宣之さんの工夫である。

人間という動物は、小さい目標をクリアする習慣を脳に刻《きざ》み込んだら、自動的に実行できるようにつくられている。

毎日の仕事も、できるだけ最小単位の目標を設定する習慣を身につけよう。できれば、机の目立たないところにその目標を表示する。そうすれば、やる気と集中力が持続し、あなたに成功をプレゼントしてくれる。

「三日坊主」を簡単に克服するコツ

実力はあるのに飽きっぽく、成果がイマイチの人がいます。こんな人は努力せず勝つ快感が…。でも、「続ける快感」を覚えたら天才に近づくのに…。

当時、宣之さんは自分のことを「午後三時半の男」と呼んでいた。かつて巨人に「午後八時半の男」と呼ばれた名リリーフの宮田征典《ゆきのり》投手をもじって、自分でつけたニックネームである。

イチローは小学三年から六年まで、伊勢山グラウンドで親と子のマンツーマンの練習をくる日もくる日も毎日着実にこなした。

午後三時半にイチローが学校から帰ってくるのを待って練習は開始された。まず、軽いキャッチボールから始めて、次に五〇球前後のピッチング。その後、だいたい二〇〇球のティバッティング。最後にそれぞれ五〇球ずつの内野ノックと外野ノック。ほとんどメニューは変わらなかった。

それに加えて、夜は「空港バッティングセンター」でのマシン相手の二〇〇〜二五〇球のバッティングが待っていた。当時のイチローがどう思っていたのかは、今となっては知る由《よし》もないが、少なくとも表面的には、「お父さん、今日は休もうよ」と言ったことは一度もなかったという。

シドニー・オリンピック女子マラソンの金メダリスト、高橋尚子さんは、現役時代、毎日三〇キロ走るのを日課にしていた。マラソンの経験のない人は、「とんでもない日課だ」と驚く。しかし、本人はそれを習慣化させて毎日の日課に組み込んでいるわけだから、苦痛にはならない。むしろ、体調が悪かったり、ケガをしたときの三〇キロ走れない日のほうが、本人には苦痛である。

ノルマが苦痛にならないようになるまでには、それなりのエネルギーを要する。いちばん大変なのは、ノルマを自分に課してから、それが何の苦もなく日課に組み込まれるまでの期間である。

「三日坊主」という言葉がある。この言葉は、始めてから三日で自分に課したノルマをやめてしまう飽きっぽい性格の人間をうまく表現している。しかし、なかには、**三日連続して続けることができた習慣は、ずっと続く可能性がある。**

あなたは「慣性《かんせい》の法則」という物理学の法則を知っているだろうか。止まっている物体は外力を加えない限り止まり続け、高速で動いている物体も外力を加えない限りそのままの速度で動き続ける。この性質を「慣性」と呼ぶ。

ところが、たとえば飛行機の離陸のように、地上にある物体を大空に引き上げるためには、大きなエネルギーを必要とする。人間の習慣もこれとまったく同じこと。

つまり、**行動しない人は止まっていることが快適であり、行動し続ける人は、それを維持することが快適なのである。**

ノルマを設定したら、とにかく何も考えないで三日間それを達成させることに努《つと》めてみよう。まず三日間なんとかやり遂げてみる。四日目に休みたくなったら、一日休めばよい。ただし五日目からまた「三日坊主になってもいいや」という気持ちでいいから再開する。

そうすれば、目標にしたノルマをあんがい簡単に日課に組み込める自分を発見できる。

ノルマは、3日続けると"気持ちよく"なってくる

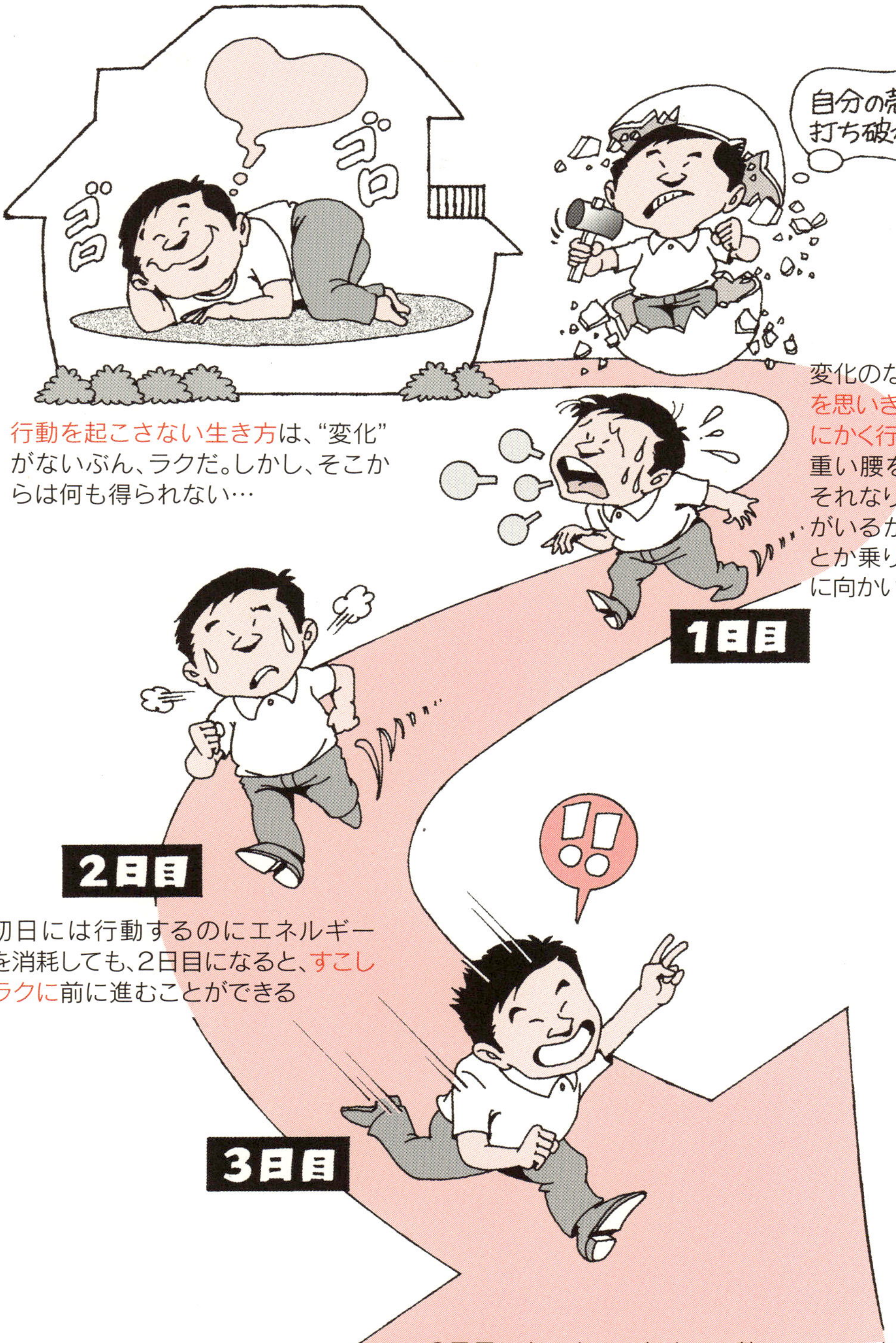

行動を起こさない生き方は、"変化"がないぶん、ラクだ。しかし、そこからは何も得られない…

変化のない"安住の地"を思いきって捨てて、とにかく行動してみる。重い腰を上げるには、それなりのエネルギーがいるが、そこをなんとか乗り越えて、目標に向かい走りだそう

初日には行動するのにエネルギーを消耗しても、2日目になると、すこしラクに前に進むことができる

3日目になると、これまでの勢いにのって加速し、行動するのが気持ちよくなってくる。もし、4日目にひと休みしたくなっても、"行動する習慣"を体が覚えているので、5日目からスムーズにアクションを起こせるようになるはず

平凡な優等生になるか 異才の人をめざすか

あなたは好奇心旺盛な人ですか？あなたのそれは「広く浅い興味」か「一つのことにこだわる」ものか。天才とは一点を深く探究する人たちです。

“本当の好奇心”とは

あれもこれも手を出すのが好奇心ではない。1つのことにこだわり、誰もマネできない“自分だけの技能”を磨きあげることが、あなたを「最高の人材」へと成長させてくれる

ただ一つの目標に向かって歩むことがなければ、自分の夢は達成できないことを、野球を本格的に始めた小学3年のイチローは悟っていた。

そして小学四年になるころには、野球に対する恐ろしいくらいの「好奇心の塊《かたまり》」になっていたイチローは、はっきりとプロ野球選手になるという目標に向かって、まっしぐらに歩み始めていた。

旺盛《おうせい》な好奇心こそ、人生を成功に導くエネルギーである。

多くの人々が、好奇心を「さまざまな分野に広く浅く興味を持つこと」という間違った解釈をしている。

多くの人が好奇心を持ってさまざまなことに手を出すが、けっきょく何一つものにできない。関心を向ける対象をコロコロ変えて、「ボクは好奇心が旺盛でねぇ」と博学を見せびらかすだけの人間は、すぐに底が割れてしまう。

一つのことに固執《こしゅう》して、それを究めるまで持続させることを「好奇心」という。一つの夢に向かって、長時間かけて深く探究し続ける。一つのテーマをとことん追い求めることによって、初めて自分にしか見えないものを探《さぐ》り当てることができるようになる。

日本人の教育は、あらゆる科目で及第点《きゅうだいてん》をとることを目標にカリキュラムが組まれる。だから、英語と数学のどちらもが八〇点の子どものほうが、英語は五〇点だが数学は一〇〇点の子どもより優秀である、という不思議な評価がいまだに健在である。英語と数学の点数を足し算すること自体、バカげている。

もう一つ強調したいことがある。それは、**「仕事を比較してはいけない」**ということ。

日本では「四番打者は凄《すご》い。でも八番打者はたいしたことない」という暗黙の了解《りょうかい》がある。しかし、これはまったく間違っている。

チャンスが回ってきたときに、いつも空振りする四番打者よりも、テキサスヒット（ぽてんヒット）でもなんでもいいから、チャンスを得点に結びつける八番打者のほうが、チームにとっては必要なのだ。

「八番打者がよく打つようになると、五番打者に格上げになる」という日本の野球界によく見受けられるやり方は、メジャーリーグにはあまり見られない。彼らはあくまでも「メジャーリーグ最高の八番打者」を目指すのである。

これからは、**誰にも真似《まね》のできないような、一つの才能を身につけた人間だけが生き残れる時代**になる。

イチローがやってきたような、好奇心を維持させながら一つの夢に向かって突き進む人生でしか、成功はつかめない。

第2章

信念をもって主体的に動くイチローに学ぶ

自分の力を発揮できる人の習慣術

イチローの可能性を信じた父。心と体、技を厳しく鍛えた学生時代の恩師。成長には、良き師の存在が必要だが、厳しくされると、逃げてしまう人はいないか。心を閉ざせば、ありがたい教えも不快音になる。自己に忠実に生き、確実に結果を残すイチローの自分力とは…。

叱って育てるか ホメて伸ばすか

ホメて育てればひ弱な勘違い人間になり、厳しく抑えればいじける…。上司や親なら、誰もが悩む問題です。イチローはこんなふうに育てられました。

「理性的な叱り」で主体性を引きだす

怒鳴りつけるような注意のしかたは、無用に相手の心を傷つけ、主体性を奪いとってしまう。注意するなら「理性的に叱る」こと。いったん叱るのをやめて、相手の言い分を聞いてあげる寛容さも必要だ

愛知県の豊山《とよやま》町立豊山中学に入ったイチローに根性をつけたのは橋本伊佐美監督である。監督はイチローを一度もホメたことがないという。

「ホメて満足してもらいたくなかったからですね。イチローの凄《すご》かったことは、目標を設定すると、かならずそこまで来てしまうこと。だから、一体どこまでやれるのかと思ってね。ホメると、そこで子どもは妥協《だきょう》してしまうんですよ」

叱ることによって、橋本監督はイチローに野球の厳しさを教え込んだ。

理性的に叱《しか》ることが、人を伸ばす大きな武器となる。しかし、いざ実行するとなると、これがなかなか難しい。

たとえば、「叱る」ことがエスカレートして、気がついてみたら「怒る」ことに転化してしまっている。仕事のミスを叱っているうちに、つい興奮して怒鳴《どな》りつけている。仕事のミスはどこかに吹っ飛んでしまい、その人の人格を攻撃してしまっている。

叱りが怒りに変わってきたと感じたら、自分が聞き役にまわればよい。これだけで怒りがだいぶ収まり、冷静に叱ることができるようになる。

それでも怒りが収まらないときは、頭を冷やすために叱ることを中断すればよい。

『イチローと私の二十一年』（二見書房）の中で宣之《のぶゆき》さんがこんなエピソードを紹介している。

宣之さんも、小学三年のイチローと練習をしていたとき、ちょっとした感情の行き違いでケンカになったことがある。やる気のない態度を宣之さんが叱ると、イチローは口も聞かなくなり、ふてくされてグラウンドに座りこんでしまう。

こんなとき、宣之さんはさっさと家に帰って、「イチローがグラウンドでひっくりかえっているから、迎えにいってやってくれないか」と妻の淑江《よしえ》さんに頼んだ。

家へ帰ってもふてくされているイチローの気持ちをほぐしてやろうと、宣之さんは「イチロー、足が疲れたろう。よし、お父さんがちょっと揉《も》んでやろう」と言って足の裏を揉んでやったという。よほど気持ちがよかったのか、イチローは宣之さんに足を預《あず》けたまま、うつらうつらし始めた。

「イチローが眠るまでお父さんが足の裏を揉んでやるから。明日また、お父さんといっしょに野球をやろうな」

イチローは父の顔を見て、こくりとうなずいたという。

いくら相手を責めても、トラブルが解決するわけではないことを宣之さんはよく知っていた。叱りが怒りに変わり始めたら、勇気を出して叱ることを中断する。自分が理性を取り戻すまで、叱りから逃げることはそれほど悪くない。

自分の理想像を明確にイメージする

誰もが「こうなりたい」という夢をもっているのに、ほとんどの人が半ばで諦めてしまいます。夢は自分で叶えるもの。成功者は、追い続けます。

「賢明な凡人」と「大成する人」の違いとは

「賢明な凡人」は、周囲の声や常識にとらわれ、夢を実現する可能性を自ら捨ててしまっている

「大成する人」は、常識では無理と思えるような“でっかい夢”を抱き、その実現に向けて日々邁進していける人

中学時代のイチローの学業成績はとても優秀で、数学と音楽以外はすべて五段階評価の「五」であった。

しかし、宣之さんは「プロ野球選手になりたい」というイチローの夢を尊重して、野球の強い学校に進学させることを決断する。

ふつうの親なら、成功する確率が読めない、いやむしろ成功する確率がきわめて少ない「プロ野球選手への夢」を諌《いさ》めて、安定した人生を選択する道を選ばせたはずだ。

しかし、宣之さんは違った。イチローが抱《いだ》いた「大きな夢」を壊《こわ》してしまえば、一生その傷を引きずることになる。たとえその夢が無残《むざん》に打ち砕《くだ》かれても、そのほうが子どもにとって幸せだと、宣之さんは考えることができた。

成功者とは、凡人《ぼんじん》が「まったく不可能である」と考えるような「でっかい夢」を描いてそれに向かって邁進《まいしん》する能力を備えた人間のことをいう。

多くの「賢明な凡人」は、最初から実現不可能だと決めつけてしまい、「夢」を描くことすらあきらめてしまっている。あるいは「夢」を追い始めても、ちょっとした挫折《ざせつ》で簡単に放棄《ほうき》してしまう。

この点でNBA（全米バスケットボール協会）のスーパースターだったマジック・ジョンソンとイチローは驚くほど似通《にかよ》っている。彼は自伝の中でこう書いている。

「ボクはうんと幼いころに、大きくなったらバスケットボール選手になると、自分に誓《ちか》ったんだ。そしていつもすばらしい選手になった自分を想像し続けたんだ。くる日もくる日もイメージして、それを夢見て、それを考え、それに向かって努力する。ひたすらボクはそれを欲《ほっ》し続けた」

あなたは未来の自分の理想像を鮮やかにイメージできるだろうか？

あなたはその理想像を現実のものにするために、日々精《しょう》進《じん》しているだろうか？

「夢」を描く年齢に上限はない。あなたが三〇歳であろうが、六〇歳であろうが、そんなことはまったく関係ない。

生きている限り、自分の目指す理想像を描き続ける。そして、それを追い求める。どんな困難に遭遇しても、あるいは周りから「そんな夢のようなことは実現不可能だよ」と言われても決して投げ出してはいけない。たとえ家族や親友がその言葉を吐《は》いたとしてもである。

最終的に自分の手の中で夢を握《にぎ》りしめるまで、絶対あきらめない。夢を現実のものにするためのエネルギーを持ち続ける。それしか人生に成功はない。

この単純な事実を、イチローは私たちにわかりやすく教えてくれる。

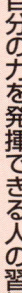

あなたの心を支える人生の師を見つける

どんな偉人も「本当にこれでいいのか」と不安を抱えています。こんなときに厳しさと温かさをもち、「大丈夫だよ」と言ってくれる人の存在は大きい。

中学校まではなんとか側面から面倒を見ることができた宣之さんも、イチローが高校生になると、自分から完全に手放す決意をする。

偶然にも、愛工大名電高《あいこうだいめいでん》の中村監督と宣之さんは同じ昭和一七年生まれである。気心が知れているということもあり、イチローの将来を監督に託《たく》したわけである。

中村監督はイチローが入学するときに「これから先の人生においても、これほど厳しい練習をしないはずだ」と釘《くぎ》を刺《さ》している。事実イチローは寮生活で、それまでに経験したことのない厳しさを味わうことになる。

練習が終わって風呂に入って夕食が終わる。そこから夜一一時の消灯時間までが唯一《ゆいいつ》の自由時間だったが、この時間にほとんどの一年生と二年生は先輩《せんぱい》のユニフォームや下着の洗濯をすることになる。

だがイチローは違った。その時間にもテニスコートで素《す》振《ぶ》りをしたり、陸上トラックに出てランニングをして自分を鍛《きた》えた。

けっきょく、みんなが寝ている間に洗濯をするために、午前三時起きを自分で決める。三時から五時まで洗濯をして、五時から朝食の準備をするために米をとぎ、みそ汁をつくった。

丸二年間、この日課を続けることになる。

「自分ではそれがふつうだったんです。練習できないよりは精神的にずっと楽でしたから」

そのときを振り返って、イチローはそう語っている。

中村監督の野球に対する哲学も至極《しごく》単純なものである。

「合宿所は修行僧といっしょ。それが嫌《いや》ならいることはない。野球をやめてさっさと家に帰りなさい。でもやるんなら、一生懸命《けんめい》にやりなさい。そのときどきを真剣に。身についたものは決してなくならないんだから」

中村監督はどのような存在か、という問いに対してイチローはこう語っている。

「間違いなくボクの人生の師でしょうね。監督からは野球はもちろんですが、それ以外のことを教わりました。社会に出てからのための教育をしてくれたんだと思います。野球ができるのは短い間かもしれないが、それが終わった後にどういう人間でいられるかが問題だと言って、ミーティングのときにいくつもの人生訓を話してくれました」（『イチロー・インタビュー』小松成美／新潮社）

中村監督はイチローをはじめとする部員全員に、「野球のレギュラーよりも人生のレギュラーを目指しなさい」とノートに書き留めさせている。

中村監督は一九年間の監督生活で一三人のプロ野球選手を育てている。その中でイチローと工藤公康《くどうきみやす》投手がシーズンMVPに輝《かがや》いている。

「心の支え」があれば、困難な仕事にも挑戦していける

仕事がデキて、何事にも主体的に取り組む人ほど、その理想の高さゆえに、人知れず不安と闘っているもの

周囲に、自分のことを気にかけてくれる人がいれば、不安を乗り越え、ますますアグレッシブに仕事に臨んでいける

中村監督独自の哲学がある。

「いつも2《ツー》ストライクに追い込まれた状態を想定して、『自分は打てるに決まっている』と考えてバッティング練習すれば本番でも打てる。そういう意識を持って練習しないと、肝心《かんじん》なところで打てるようにならない」

厳しい練習と厳格な寮生活の中でも、中村監督という精神的な支えがあったから、イチローはがんばれた。**優秀な人間ほど、不安を抱《かか》えているものだ。**それは、並の人間には感じることのできない不安である。

不安と真正面から向き合うことが好きだったイチローには、「心配することなんかない。だいじょうぶだ」と後押ししてくれる人が必要だった。それが、中村監督だったのである。

家族でもいい。上司でも構わない。**自分の周りに「だいじょうぶ」というひと言で励《はげ》ましてくれる人をそばに置いておく。**これは人生の中でとても大切なことである。

「大風呂敷」と「有言実行」は大違い

「男は黙って…」と、不言実行の人がいます。いっぽう、口ばかりで実行しない人。さらに、自らの宣言をエネルギーにする人も…。さて、あなたは？

愛工大名電高校の野球部に入部して中村監督との初対面で、イチローはサラリとこう言ってのけたという。

「言ってもらえれば、センター返しはいつでもできます」

高校一年生の少年にしては、自信過剰《かじょう》ともとれる言葉である。返す言葉で中村監督は少しむきになってこう言い放った。

「それならワシの目の前で打ってみろ！」

中村監督が用意した三年生のバッティング投手の投げる球の七割近くをイチローはバットの芯《しん》でとらえ、ボールはライナーでセンターめがけて飛んでいったという。

イチローの心の中には「優《すぐ》れた選手が入部してくるのだから、監督に自分の長所をアピールしておかないと……」という気持ちがなかったと言えば嘘《うそ》になるが、それより前に「ほんとうにできるのだから、できると言っただけ」という自負《じふ》があったに違いない。

イチローの「有言実行」はこのときが最初ではない。すでに小学校のときから、その片鱗《へんりん》を見せていた。小学六年生のときの作文にも、「ボクの夢は一流のプロ野球選手になることです。かならずプロ野球選手になれると思います」と書いている。

日本の社会では、「不言実行」という言葉が相変わらず独《ひと》り歩きしている。しかし、この言葉のかげで、実行できなかったことが闇《やみ》に葬《ほうむ》り去られている。宣言せずに実行できたことだけがスポットライトを浴びている。

「有言実行」こそ成功の源である。宣言した本人は、必死で自分が宣言したことを達成しようとする。そのエネルギーは無視できない。

アメリカには、自分ができると思ったことは臆《おく》さず言葉にすることを許容《きょよう》する懐《ふところ》の深さがある。たとえそれが実現しなかったとしても許される社会である。

いっぽう、日本の社会には、まだまだ有言実行を封じ込めてしまう風土がある。

「そんな夢物語ばかり追い回しているからダメなんだ」

「そんな突飛《とっぴ》な目標が達成できると本気で思っているのか」

「黙《だま》って着実に一歩ずつ前進していくことが大切なんだよ」

こんな言葉が「有言実行」を封じ込めてしまっている。

自分ができると信じたなら、それを周りの人間に宣言して、その言葉をエネルギーにして目標に向かって邁進《まいしん》すればよい。できなかったときは、できなかったときに考えればよいこと。

日本の社会では、「有言実行」と「大風呂敷《おおぶろしき》」とが同等の響《ひび》きを持っている。この二つの言葉は、表面的には大差ないように感じられる。

しかし、それを宣言した人の心構えはまったく違う。宣言した言葉を裏づけるために、必死で行動に移すことに命を懸《か》ける人間と、宣言する前からまるでやる気のない人間との大きな違いがそこにある。

勇気を持って「有言実行」を貫《つらぬ》こう。この心構えこそ、人間を成功に導く大きなエネルギーとなる。

「不言実行」ではなく「有言実行」が、あなたを成長させる

◉不言実行の人

「不言実行」は、できたことだけにスポットが当たるので、できなかったことが人に知られることはない。そのぶん、精神的にラクであり、自分に対する甘えや妥協が生まれやすい

◉有言実行の人

「有言実行」は、もう後戻りができないぶん、プレッシャーが大きい。失敗したときの周囲の目も気になる。だが、それでも、思いきって実行を口にしてみよう。集中力とエネルギーがみなぎり、あなた自身も驚くほどの大きな仕事をなすことができるはずだ

「やらされる仕事」か、「自ら求める仕事」か

あなたは「ノルマ」を、「上から与えられた課題」と考えるか、「挑戦しがいのある難問」ととらえるか？このちょっとした差が、仕事の大差になります。

名電高時代、イチローは中村監督との出会いによって才能が開花する。相性が良い監督のもとで練習できたことは、イチローにとって幸運であった。

　中村監督の率直なイチロー評はこうである。

「本来はあいつに主将としてチームをまとめてもらいたい気持ちはあったが、何がなんでもチームのナインといっしょというところがない。自己中心というか、自分のことをキチンとやっておけばいいというタイプだった。だから、副主将にした」

　当時からイチローはどこか冷めたところがあったという。しかし、こと練習に関しては半端《はんぱ》じゃなかった。自分に厳しく、とことん納得いくまで自分をいじめたという。

「ぼくは愛工大名電高でいろんなことを教わったというより、自分で学びました。中村先生が常に自分たちで考えるように仕向けてくれたからよかったのでしょう。強制されるのはイヤですが、自分の自主性に任されると、自分はやることはやるほうでしたから」（『イチロー「勝利の方程式」』）

　あくまでも、自主性というものがイチローの心の根幹《こんかん》に形成されている。

　高校三年の夏の甲子園予選の決勝で敗れ、新しい世代にバトンタッチされた後も、授業が終わると、たった一人で黙々《もくもく》と練習するイチローの姿があった。それは雨の日も風の日も、卒業するまで続けられたという。

人間の行動は権利と義務によって形成されている。ただし、その行動の内容を少し分析してみると、大きな違いに気づく。

　義務とは、「自分の意思とは関係なく外部の力によって左右されるやらなければならないこと」である。これに対して権利とは、「自分の意思に任されているため、やってもやらなくてもよいこと」である。

　練習や勉強を、多くの人が義務としてとらえている。練習しなければ、上達しない。授業を受けなければ、単位がとれない。**多くの人が義務で行動すれば苦痛がともなうと考えているが、それは嫌々《いやいや》やっているからそう感じるだけで、ほんとうは義務でやる練習や勉強は簡単である。何も考えずにメニューさえ消化していればいいからだ。**

　会社勤めだってそうである。眠い目をこすりながら、朝早く出勤するのは、会社に行くことが義務だと感じているからだ。しかし、会社へ行くことはそもそも義務ではない。行くと決めたのは自分である。会社へ行くのが嫌なら、退職すればすむことである。

　私の授業を受けにくる学生の中にも、授業を受けるのは義務だと考えている者がいる。単位をとるために、仕方なしに授業を受けにきている連中である。しかし、義務だと考えて受ける授業から得られるものは何もない。

　しかも、義務だと考えている学生ほど質問をしない。自分からわざわざ私の研究室まで来て、「先生、この間の授業のここがわからなかったので、教えてください」と聞きにくる学生はほんのわずかである。

仕事は「義務」ではなく「権利」ととらえる

仕事は「義務」ではない。その職場を選んだのは、あなた自身だから、イヤなら辞めればいいだけ。義務で仕事をしてもストレスがたまるだけで、毎日の仕事が成長に結びつかない

自分はいろいろな仕事をする権利がある！…そんな意識で仕事に臨めば、いいアイデアがわいたり、やりがいのある仕事がどんどん舞いこんできて、日々レベルアップしていける。上司からの評価はグングン高まり、部下からは尊敬され、慕われるようになるのだ

私が二年間過ごしたカリフォルニア大学では、「教授のところへ出向いて個人的に教えてもらうことも、しっかり授業料に入っている」という感覚が学生全体に浸透《しんとう》している。だから、人気のある教授の授業を受講すると、学生が我先《われさき》にとアポイントをとるから、面談するのも至難《しなん》の業《わざ》である。

アメリカでは、ビジネスマンが名物教授に個人的に面談して一時間のレクチャーを受けたら、最低一〇〇〇ドルくらいの費用を覚悟しなければならない。アメリカ人はソフトに対して、自分が恩恵を受けただけの金を支払う教育を受けている。

なかには、私の授業の中身のもっと深い部分を追求しようと、「学生の権利」を行使して、個人的に質問にくる学生がいる。そんな学生には、たっぷり時間を割《さ》いて私の知っている限りのことを教えてやりたい、という気になる。

好奇心を持って一生懸命《けんめい》質問してくる学生にはいくらでも教えるが、教育を受けることを義務としてしか考えていない学生には、授業以外で教える気にはならない。

イチローが義務感で練習したことは一度もないはずだ。自分が必要と感じたから、練習をする権利を行使したまでである。

チャンピオンの思考は常に権利を優先し、並のプレーヤーは義務を消化する。仕事のできる人間とそうでない人間も、この意識構造の違いによって隔《へだ》てられている。

打率三割を維持するための努力を一とすれば、三割五分を維持するためには一〇の努力をしなければならない。そして四割をクリアするためには、一〇〇の努力が必要である。

高いレベルを目指すためには、自分の仕事を義務として消化するのではなく、権利をしっかりと主張しながら、意欲的に取り組む姿勢が不可欠となる。

イチローは、なぜ画一的な練習を嫌うのか

同じ仕事をするのでも、人にはそれぞれのやり方があるはず。よりよく仕上げるにはどうするか。独自のやり方を改良できる人は、進化し続けます。

中村監督がイチローについてこんな話をしている。

「あいつはいい意味での利己《りこ》主義だった。チームのために何かしようという発想より、自分が上手になるためにどうしようか、そればかり考えていた」

　イチローは、画一的な練習を嫌《きら》った。だから、自分でまず試してみて、効果がなかったら二度とその練習をすることはなかったという。

　最初から二〇〇球ボールを打つとか、素振《すぶ》り二〇〇回とか決めてやる練習は、あまり好きじゃないと、イチロー自身語っている。うまく打てたら、一〇球でやめていい。素振りも、腰の回転や体のキレのチェックポイントさえ持っていれば、数にこだわる必要はないという考えからである。

こんなことを書いていたら、ふと立花《たちばな》龍司《りゅうじ》というトレーナーのことを思い出した。近鉄バッファローズ時代の野茂英雄《のもひでお》の体をつくった男である。メジャーに挑戦するため渡米した野茂の後を追うようにして、立花もアメリカに渡り、メジャーリーグのコンディショニングコーチとして、科学的なコンディショニングプログラムをみっちり勉強した。

　じつは、私は一度だけ立花と食事をとりながら話をしたことがある。彼が仰木《おおぎ》監督のもとで近鉄バッファローズのトレーナーをしていたときのことである。このとき、彼は私にこんな話をしてくれた。

「日本のプロ野球には、個別性と継続性が不足しています。たとえば、腕立《うでた》て伏《ふ》せをするとき、日本のプロ野球では全員にたとえば三〇回やらせるでしょう。これでは、一〇回しかできない選手にとっては負担が大きいし、五〇回できる選手には物足りないプログラムになってしまいます。

　継続性に関して言えば、日本のプロ野球選手はオフシーズンには積極的に筋力トレーニングに励《はげ》みますが、シーズンに入ると途端《とたん》にやめてしまう。少しずつでもいいから年間を通してやらないと、筋力はすぐに戻ってしまうという運動生理学の基本中の基本が理解できていないわけですよ」

　この点に関しても、イチローはすでに高校時代から、個別性と継続性の重要性をしっかりと把握《はあく》して練習メニューに取り入れていた。

　全員そろっての朝食や夜のミーティングといった全員集合の儀式は、プロ野球の選手のお決まりメニューである。とくに、遠征に出れば、睡眠時間とわずかなフリータイム以外は、事実上、自由時間はほとんどない。

　日本に来た外国人選手は、そんな日課に目を丸くして悲《ひ》鳴《めい》を上げる。

「あれではまるで凶悪犯を閉じ込めておく独房《どくぼう》と同じじゃないか」

　こう言ったのは、元西武ライオンズの外野手、ジョージ・ブコビッチである。

　他人の用意したメニューをただこなすだけでは成功はつかめない。独自のやり方をつくり上げて、それを忍耐強く継続させる。これが人生を成功に導く大きなカギとなる。

「いつもの仕事+α」が、あなたをデキる人にする

はい!!
今月はこの仕事を頼むよ!!
はい!!

ルーチン・ワークのみ

上司に与えられた仕事を
漫然とこなすだけでは、
成長はおぼつかない。
「○○について頑張る!」
「○○を伸ばす!」
といった
"自分はこうなりたい"という
明確な目標をもち、
そのための
「+αの具体的な努力」
を重ねていくことが大事。
そうすれば、
仕事に工夫が生まれ、
どんどん理想に
近づいていけるようになる!

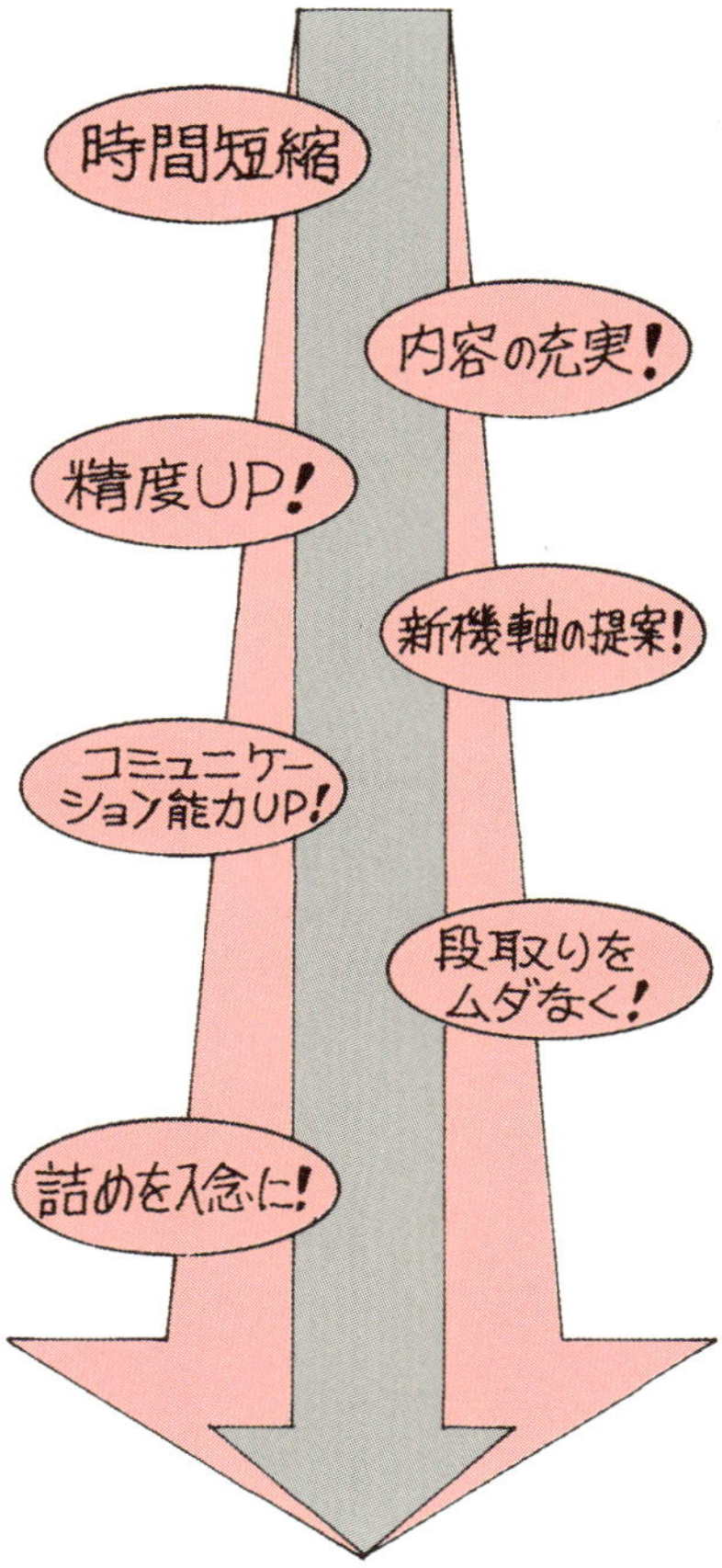
時間短縮
内容の充実!
精度UP!
新機軸の提案!
コミュニケーション能力UP!
段取りをムダなく!
詰めを入念に!

与えられた仕事を、ただこなす……

実力がなかなか伸びない…

←どんどん差が開いていく…→

+αの努力を継続的に!

実力がグングンUP!!

「消極的な失敗」はやはり、最悪の結果か

「見送り三振より、空ぶり三振のほうがいい」とは野球の常套句。ビジネスでも同じ。失敗を避けようとして、思考と行動が縮こまっていませんか？

失敗の数だけ前進できる！

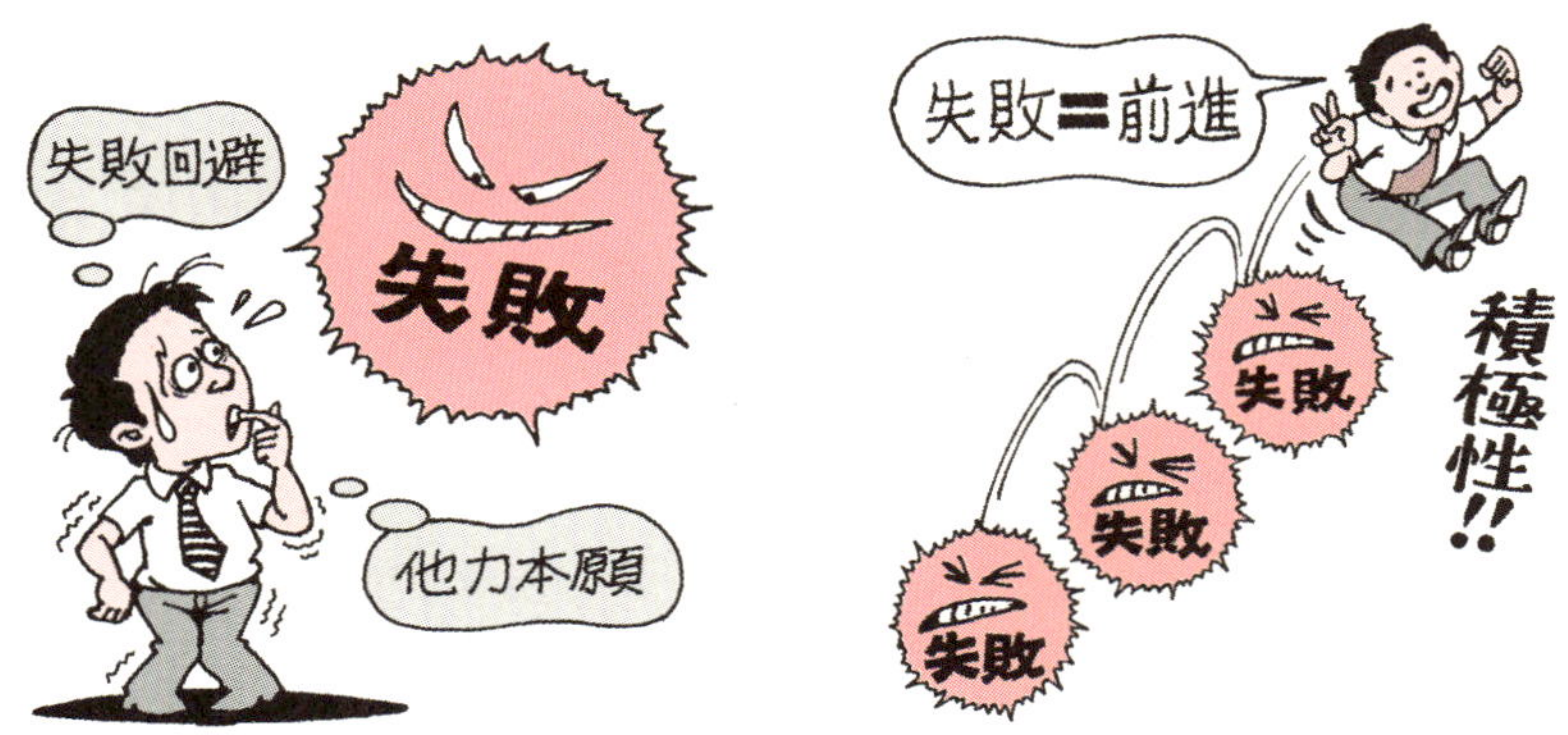

失敗を恐れて自分では動かず、人生を他人にゆだねるような生き方では、いつまでたっても積極的になれない。「失敗は、次に成功するためのヒント」ととらえ、どんな仕事にも臆せず挑戦してみよう！

積極性こそ人生を成功させるエネルギーとなる。

メジャーリーグで、見送りの三振をすると、そのプレーヤーの評価は確実に下がる。「どうせ三振するなら、大きくバットを振れ」というのがメジャーリーグの基本原則である。

イチローに積極性の大切さを教えたのも中村監督である。「三振するときは思い切り振れ。そして、三振してダッグアウトに帰ってくるときに、悔《くや》しいとか、ポケッとして戻ってくるな。『ベンチまでの一三歩は次の打席、次の試合のためにある』と考えろ」

中村監督が選手たちにくり返していた言葉である。

見送りの三振をする選手の心の中は、失敗回避《かいひ》と他力本《たりきほん》願《がん》で埋め尽《つ》くされている。

「ひょっとしたら四球で一塁に出塁できるかもしれない」という淡《あわ》い期待感がそうさせている。しかし、たとえ2《ツー》ストライク3《スリー》ボールからボールを見送って出塁できたとしても、その人間の「消極性」を打ち消すものではない。

あなたは「ストライク」のほんとうの意味を知っているだろうか？

野球用語としての「ストライク」は、本来「バットで打つ」という意味である。バッターが「ストライクすべき（打つべき）ボール」のことをいう。ここからもアメリカ人の積極性が垣間見《かいまみ》える。

九回裏二死満塁。ここまで三対二でリードしているチームのピッチングコーチがピッチャーズマウンドに歩んでピッチャーにアドバイスする状況を日米で比較してみよう。

日本のプロ野球では、おそらく平均的なコーチはこうアドバイスするだろう。

「ここで打たれたら逆転される。なんとしてもヒットだけは打たせるな」

あくまでも失敗回避優先のアドバイスである。これではピッチャーの脳裏《のうり》には嫌でも「失敗のイメージ」がわき上がってしまう。

いっぽう、メジャーリーグではどうだろう。

「打たれてもよいから、お前の得意な球をキャッチャーのミットめがけて思い切り投げ込むことだけを考えろ」

あくまでも積極性を重視するアドバイスである。

失敗することを恐れてはならない。小さいときから、「失敗してはダメだ」とくり返し言われ続けてきたから、日本人は失敗を避けようとして、「消極的な行動」に出てしまう。

失敗を「前進」と考えてみよう。それがあなたに積極性という才能を与えてくれる。

「三振しても構わないから、思い切ってバットを振る」

この心構えがあなたの人生に「成功の安打」を量産させてくれる。

第3章

逆境もチャンスにするイチローに学ぶ

ものごとに動じない人の習慣術

結果が出なければ、誰でも自分のやり方が不安になる。そんなときに、何を信じて行動すればいいのか。天才たちも、はじめから天才だったわけではない。イチローの振り子打法も、挫折《ざせつ》と試行錯誤《しこうさくご》の末に生まれた。前向きに努力を重ね続ける、イチローの持続力とは…。

上司の意見に従うか自分の主張を貫くか

イチローの「振り子打法」は、強い意志と信念が生んだもの。現実の職場で、それは可能なのか？覚悟と決意で行動すれば、道は拓けると信じよう。

イチローの人生の岐路《きろ》は、オリックス・ブルーウエーブ入団二年目にやってくる。この年、シーズン開幕戦から一軍ベンチに入ったイチローではあったが、一軍の首脳陣は彼に対して冷《ひ》ややかであった。

当時監督の土井正三も、打撃コーチの大熊忠義も、「イチローは内角高めが打てない」という理由から、フォームの改造を求めた。

もしも河村健一郎というコーチがいなかったら、あるいは、もしも土井監督がイチローを二軍に落としていなければ、今日のイチローは存在していなかったかもしれない。

たとえどんな状況であれ、イチローが一軍に定着していたことは間違いないだろう。ただし、イチローが監督のフォーム改造の要求を受け入れ、それを実行していたら、これほどの選手になれたかどうかは疑問である。

けれども、土井監督の「二軍に戻ってスイングを改造しろ」という指摘は、的外《まとはず》れというわけではなかった。

たしかに、そのころのイチローは内角が打てないことが一つの弱点だった。しかし、それが即スイング改造に直結することにイチローは我慢《がまん》できなかったのである。

九三年七月五日、イチローはこの年二度目の二軍落ちを宣告され、フォームの徹底的改造を要求されることになる。

人生とは、わからないものである。皮肉にも、これがイチローの大きな飛躍《ひやく》のきっかけとなる。いわゆる「振り子打法」の確立である。その日から二軍打撃コーチの河村健一郎との二人三脚が始まった。

イチローにとって屈辱《くつじょく》の二年間は、彼にとって語りたくない時期のようで、あまり活字としては残っていない。

ドラフト一位で入団したエリート選手と違い、ドラフト四位で球団から指名をしてもらったイチローにしてみれば、プロ野球選手としていられることが幸運という感覚がこの時期にはあったようだ。

しかし、イチローが他の選手と違っていたのは、フォーム改造には徹底して監督やコーチに拒否を貫《つらぬ》いたということだった。

最初のシーズンの七月に一軍に呼ばれたときにも、「ちょっと早すぎるから、ボクはまだ二軍でいいです」といって自ら一軍に上がることをいったん断っている。それでも「いいから行け」と二軍コーチに諭《さと》されて、渋々《しぶしぶ》博多にいるチームに合流している。

二年目のシーズン、イチローは一軍と二軍の間を三回も往復した。しかも、終盤《しゅうばん》になって当時のバッティングコーチがイチローにこうささやいたという。

「これが最後のチャンスだ。オレの言うことを聞くんであれば教えてやる。聞かないんであれば勝手に自分でやれ」

イチローはきっぱり「聞きません」と宣言して、次の日から二軍に落ちることになる。あくまでも打撃フォームの改造を拒否するイチローなりの主張である。

ビジネスの社会でも、多くの人たちが「この人の言うことを聞いていれば、

強い信念があるなら“自分”を貫いてみる

目の前の不安を払いのけず、あいまいにして、自分を抑えてしまう人
不安は次の恐怖を生み、
それは拡大し、道をふさいでいく
他者の目
失敗への恐怖
自信の喪失
失敗への不安
中傷への恐れ
先へ進む不安
世界がどんどん狭まっていく
可能性が広がらず、意欲もDOWN
目標を見失い、周囲の状況を気にするので、
足かせが重くなり、動けなくなる

強い信念の上に、自分を貫ける人
可能性がどんどん広がっていく
他者からの中傷
迷い
挫折
他者の目
つまらない見栄
失敗
意欲もスキルも経験もUP！
目標を前方にすえているので、
さまざまな障害も乗り越えられる

冷や飯を食わずにすむ」と考えて、自分の主張を押し殺して現状に甘んじている。「寄らば大樹《たいじゅ》の陰《かげ》」という発想である。

もちろん、さまざまな「人生の分岐点《ぶんき》」で自分の考えを貫きとおすことは、そんなにやさしいことではない。ときには打算《ださん》的な考えに流れて、自分の気持ちを見失ってしまうこともあるだろう。

あるいは、上司の考え方に納得がいかなくても、「昇進のために我慢をしなければいけない」と考えて、自分の気持ちを殺してしまうこともあるかもしれない。しかし、**そうした人間は、いつまでたっても現状維持の〝ぬるま湯〟から脱出できず、不完全燃焼の人生を送ることとなる。**

あなたは自分独自のスタイルを持っているだろうか？

他人にアピールできる自分流のスタイルを見つけて、なんとしてもそれを完成させる。それが、あなたの人生を成功に導く大きなカギとなる。

イチローのコーチに学ぶ挫折をやる気に換える法

どんな人にも長所と短所があります。上司の多くはそれをごちゃ混ぜにして指導しているのが現実。挫折しかけた天才を救ったコーチの指導とは。

「振り子打法」を確立させる過程のなかで、河村コーチはイチローの長所を伸ばすことしか考えなかったという。なぜなら、彼はイチローには首位打者になる才能があると確信していたからである。

　そのころを振り返って河村コーチはこう語っている。

「ストライクゾーンを縦横に9等分するでしょ。彼が苦手だったのは内角の2カ所だけだったんです。あとの7カ所は打てるんだから、それをもっと打てるようにしよう、と。その点で、私と彼の意見は完全に一致しました。よく覚えてますよ。二軍落ちしてきて、〝自分のやり方でやりたい〟って、涙浮かべて言ってましたよ」（『イチロー主義』小川勝／毎日新聞社）

　それから「下半身でタイミングをとる」という統一テーマで、イチローと河村コーチとの二人三脚が始まった。

　そのとき、イチローはまだ二本足をしっかり地面につけて打っていた。ふつうの選手よりも下半身をゆっくり動かしてバックスイングをとる。ここにイチローのフォームの原点があることを見いだした河村コーチは、「もっと下半身をゆっくり動かそう」というアドバイスをひんぱんに与えるようになる。

　すると、必然的にイチローは、右足を上げるようになった。河村コーチが「右足を上げろ」と言ったことは一度もない。

　ゆっくりバックスイングをとるためには、大きな動作が必要になる。下半身に大きな動作をさせるためには右足を上げなければ実現できない、という発想である。

　絶《た》えざる試行錯誤《しこうさくご》の末に、「振り子打法」が一応の完成を見たのは、練習を始めてから一か月後の九三年八月だったとイチロー自身が語っている。

「『二軍に落ちてもいい』と考えられたのは河村コーチがいるからでした。河村コーチはボクの特徴をすぐにつかんで、ずっといっしょにいてくれたんです。

　ボク自身は感覚だけで打っているんですが、河村コーチはそれを言葉で表現してくれるんです。たとえば、バッティングの意識の持ち方など、明快にアドバイスしてくれる。『ボールを捉《とら》えようとしているときには、まず引きつけておいて、線で捉えて、最後は点で捉える』というように、こういう表現は、ボクにとってはほんとうに新鮮でした」

　内角が打てないというだけの理由で、一軍のコーチからスイングの欠点をことあるごとに指摘され、挫折感に襲われていたイチローのやる気を引っ張りだしたのは、紛《まぎ》れもなく河村コーチの励ましである。

欠点を指摘したり、叱《しか》ることが、日本の社会の中には満ちあふれている。親子間、夫婦間、会社の上司と部下。これらの人間関係の中でほめたり、激励《げきれい》したりすることが忘れられてしまっている。

　ベストセラーになった『他人をほめる人、けなす人』（草思社）で、著者のフランチェ

部下の欠点探しではなく、長所を伸ばす

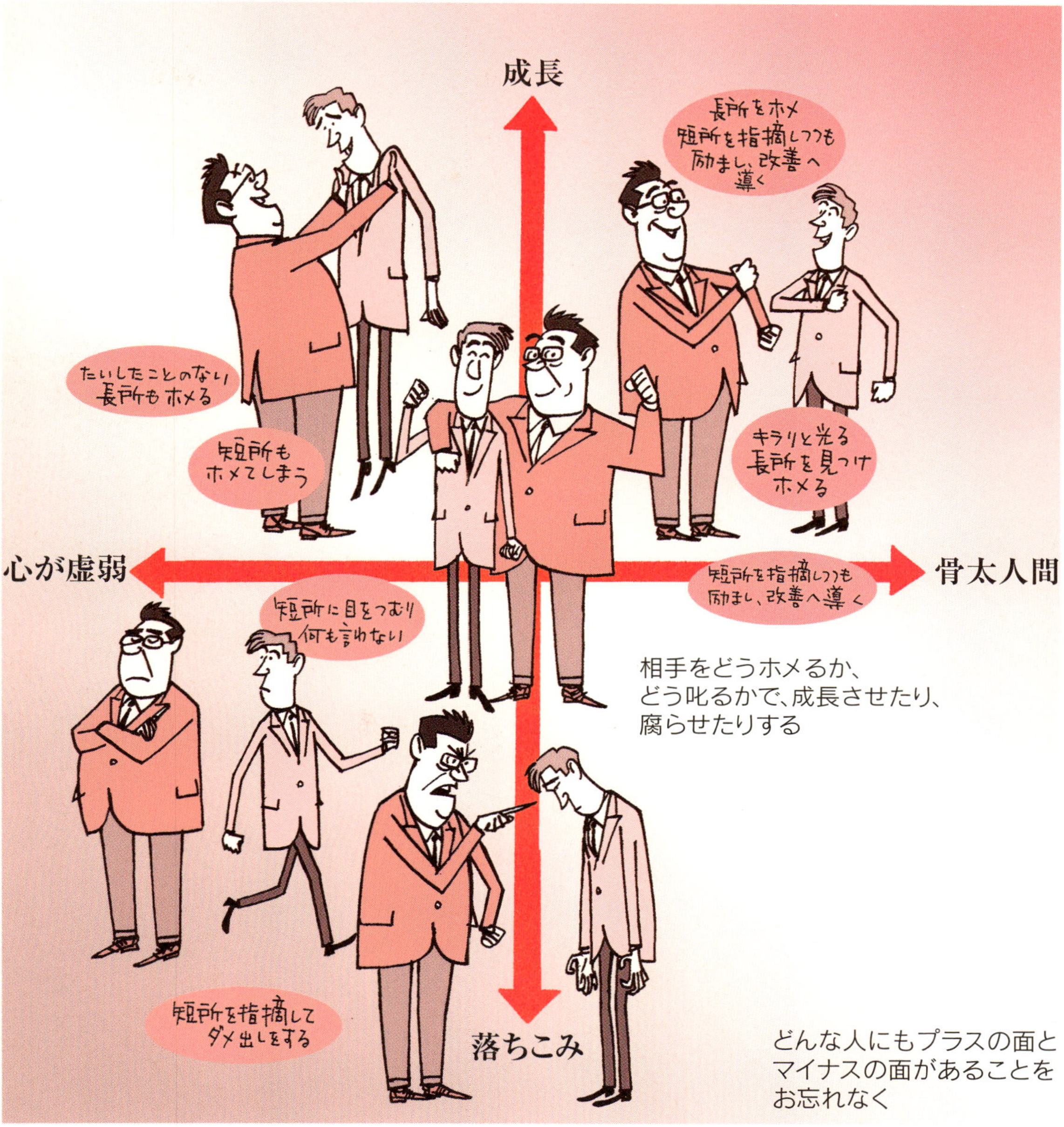
成長
落ちこみ
心が虚弱
骨太人間
長所をホメ
短所を指摘しつつも
励まし、改善へ
導く
たいしたことのない
長所もホメる
短所も
ホメてしまう
キラリと光る
長所を見つけ
ホメる
短所を指摘しつつも
励まし、改善へ導く
短所に目をつむり
何も言わない
短所を指摘して
ダメ出しをする
相手をどうホメるか、
どう叱るかで、成長させたり、
腐らせたりする
どんな人にもプラスの面と
マイナスの面があることを
お忘れなく

スコ・アルベローニはこう語っている。

「われわれの学校には、一年間の学期を通じて、おおいに努力をし、教師の話に熱心に耳を傾《かたむ》けた生徒に対して、『立派だぞ！』とただの一度も言ってやれない教師が山ほどいる。こういう教師とは、これこそ厳しさであり、しつけであると思い込んでいるが、そのじつ、自分より弱い者へ向けての鬱憤《うっぷん》晴らしにほかならない」

すべてのものには太陽に照らされる明るい部分と、その裏の陰の部分が共存している。明るい部分を見るか、陰の部分に反応するか、それは教える人の選択にかかっている。

自分の子どもや部下が塞《ふさ》ぎ込んでいたら、心を込めて励ましてやろう。あるいは、本人の気づいていない長所を見つけ出して、積極的にほめてやろう。

人は励まされると、潜在《せんざい》能力をもっと発揮するようにできているのだ。

成果が見えなくても努力し続けるべきか

「やればやるほど今の方法が正しいか、わからなくなる」。こんな経験はないだろうか？見えない成果を信じて行動できるのも、一つの才能です。

陽の当たる世界
辛抱強く頑張りつづける
諦めずにやれば、成功あり
ここで油断しない
それでも前を向いて進む
光が見えないので不安
実力
実力
実力
実力
自信
陽の当たらぬ世界

成果の見えない努力を長期間やり抜くことは、簡単なことではない。

イチローは一つのテーマに絞《しぼ》り込んだら、とことん考え抜くタイプの人間である。

「ある時期、ボクはパワーをつけたい、とか、ボールを遠くへ飛ばしたいといった考えにとりつかれていました。そうすると、そのことばかりずーっと考えてしまうんです」

考えるスタミナをつける。一つのことにテーマを絞って考え続けると、ある瞬間フッと思いがけない貴重なアイデアが出てくることがある。

もちろん考え続けるだけでは成功はおぼつかない。**次に、それを実現するための具体策を行動で示す。**

イチローは自分で考え抜いたアイデアを実行に移す天才である。たとえば体づくりにしても、シーズンオフに気に入ったホテルのフィットネスを見つけると、それこそ午後七時になると、イチローは毎日そこにいた。

「午後七時から筋力トレーニングを開始する」といったん決めたら、一日全体をそのためにプランニングすることもいとわない。

毎日の飽《あ》くなき練習を支えているのは、イチローの未来の自分の姿への興味である。

「昨年よりも今年、今年よりも来年と、ボクは自分の成長する姿にとても興味があります。あと三年でどれだけのパワーが身についているか楽しみです」

ときには努力しても、成果が表れないこともあるだろう。極端な場合、練習することによって後退することもある。見えない成果をどれだけ信じられるかも一つの才能である。

プロフェッショナルな才能が要求される仕事ほど、成果はなかなか見えてこない。結果の出ない努力に業《ごう》を煮《に》やして、多くの人はどんどん脱落していくのに、ひと握《にぎ》りの人だけが我慢強く報《むく》われない努力に耐《た》え続ける。

成果のない努力に耐えられるだけの強い信念を持っていなければ、成功は難しい。努力の過程の中で、成功の灯《あか》りが少しずつ見えてくればいいが、残念ながらほとんどの場合そうではない。ときには、「オレは成功の反対方向に向かって歩んでいるのではないだろうか？」という不安が頭をもたげることもあるだろう。

地道な努力を何年もくり返してあきらめようとしたときに、「成功の扉《とびら》」は突然開くのである。成功を手にするためには、神様は「この人間はどこまで耐えられるか」を試している。

イチローは、私たちに興味を持続させて絶え間ない努力をすることの大切さをわかりやすく教えてくれる。

本当にそれで納得なのか、自分の心底に聞いてみる

「自分の意見が通らない」。ビジネスの場では日常茶飯事です。でも「絶対にこれがいい」というものがあるなら、その心のマグマを抑えてはダメ。

自分の可能性を否定しない

せっかくの才能を否定し、自ら成長を止める人

自分の才能を肯定し、どんどん伸びていける人

イチローは幼いころから自己に忠実に生きてきた。イチローのアイデンティティ（独自の性質や特徴）は「振り子打法」によって示されているだけではない。彼の思考メカニズムに強烈なアイデンティティがにじみ出ている。

二年目のシーズン、打撃不振を理由に打撃フォームの改造を指示されても、イチローはその要求を突っぱねた。

「打撃に関して、ボクが考えている基本的な考えとまるで逆のことを言われたんですよ。ボクはそのコーチの言葉に従って、ボクの考えとは逆のバッティングを一年目の秋から試しに実践《じっせん》していました。秋のキャンプであれば、次の春のキャンプまでに修正できるから、とりあえずやってみようと思った。でも、結果はやはりまったく駄目《だめ》なんです。話にならないのがボクにはわかったんで、二度と言うことを聞かなかった。はなから言うことを聞かなかったんじゃありません。一度試して、それで何も結果が出なかったのでやらなかっただけです。そこで思ったのは、毎年代わるかもしれないコーチに自分を合わせていたら、野球なんて長い間できやしないということです。ボクは自分の好きなスタイルを失いたくない。コーチに合わせていたら、自分がけっきょくどんな選手かわからなくなって潰《つぶ》れていく。プロとして最悪のパターンですよ」

なんと強烈な自己主張ではないか。

当時、マリナーズのルー・ピネラ監督（現シカゴ・カブス監督）は、「イチローには、打ちたいときに打ちたいように打ってもらいたい。彼にはサインは出さない方針だ」と語っている。

メジャーリーグでは、バッターは打席に立ったら、基本的には何をしようと監督の指示を受けることはない。自分の打ちたいように打てばよいのだ。だから、ゲームの前半戦はほとんど「ノーサイン」でプレーする。選手のアイデンティティを尊重して、やりたいようにやらせるのである。

そこが、監督の采配《さいはい》が最優先される日本の管理野球との決定的な違いである。

イチローがこの世の中で唯《ゆい》一《いつ》の存在であるのと同じように、あなたも地球上で唯一無《む》二《に》の存在である。自分らしさを強調すれば、もっと潜在《せんざい》能力を発揮できる。

もう一度、自分のアイデンティティを見つめ直してみよう。もっと天真爛漫《てんしんらんまん》に生きてみよう。心の底からわき上がる「何か」を感じて、それを実行に移してみよう。

そうすれば、あなたはもっと自分の魅力をアピールできるようになり、人生の成功を引き寄せることができる。

よくない出来事をどこまで前向きにとらえるか

高校時代、交通事故でピッチャーを諦めたイチロー。結果的に打者として大成するが、その裏にある本物のプラス思考と、心の柔軟性を見定めよう。

イチローの成功神話には大きな誤解《ごかい》がある。彼は成功だけを積み重ねて偉大《いだい》な記録を達成したのではない。**イチローの現在の成功を支えているのは、「プラス思考」と「心の柔軟性《じゅうなんせい》」である。**

人が失敗を恐れる理由は、主に二つある。一つは、プラス思考の欠如《けつじょ》である。たとえば、交通事故に遭《あ》って足を骨折したとする。マイナス思考の人間は、「なんてオレは運が悪いんだ」と嘆《なげ》く。いっぽう、プラス思考の人は、「命が助かってよかった」と、前向きに考えることができる。

それが積み重なると大きな違いとなって現れる。たとえば、スピーカーの近くでマイクを使うと、スピーカーの音がマイクに入り、音が増幅《ぞうふく》されてスピーカーから出る。それがまたマイクに入るという循環《じゅんかん》経路が形成され、「キーン」という不快な音になる。これを「ハウリング現象」という。

これと同じようにマイナス思考がどんどん増幅されて、行動の障害になるだけでなく、「どうせやってもダメだろう」と考えて、「マイナス思考のハウリング現象」が発生し、行動そのものを躊躇《ちゅうちょ》してしまうことになる。

もう一つの理由は、心の柔軟性の不足である。犯した失敗をマイナスにしか考えないため、気持ちの切り替えができずにその対処法が見つけだせない。

じつは、高校二年の春にイチローは交通事故に遭う。自転車に乗っていて、車に追突されてしまったのだ。右足のふくらはぎを打撲《だぼく》して一か月半松葉杖《まつばづえ》の生活を余儀《よぎ》なくされる。この交通事故がきっかけでイチローは投手を断念することになる。

「交通事故さえなければ、きっとピッチャーを目指していたと思います。でも、事故のおかげで速い球が投げられなくなった。結果的に打者としてプロを目指すきっかけをつくってくれたのは、この交通事故なんですね」

あくまでも、**良くない出来事をプラスにとらえて、次の飛躍に結びつけるイチロー独**特の心の柔軟性である。

起こってしまった良くない出来事の悪い側面しか見ることのできないマイナス思考の人の心には、柔軟性が欠如している。だから、悪いことが起こったら、不安が頭をもたげて次も悪いことが起こると思い込む。

その結果、「こんなに悪いことが続くのだから、当分おとなしくしておこう」と行動を躊躇してしまう。

尾崎一雄の『虫のいろいろ』という小説にこんなくだりがある。ノミをつかまえてガラスビンのなかに入れておく。ノミはビンから脱出しようとしてピョンピョンと跳《は》ねる。やがて諦《あきら》めて動かなくなる。そこでフタを開けてやる。ところが、もはや脱出を諦めて

失敗や挫折を"力"にできる人の生きかた

挫折したら、その
原因を考えてみる
いつまでも考えず、
すぐに歩き出す
ときには冒険心も必要
進むべき方
向を見定め
ときには身をかがめ…
しなやか
に着地
ときには
失敗の穴に
落ちることも…
また歩く
痛みを覚えつ
つも、すぐに
立ち、走る
目標を
前に
助走を
つけ
壁を
やぶる！
また歩く
違う世界が見えてくる
障害は高く
飛ぶための
踏み台に！

しまったノミがとび跳ねることはない。

うまくいかなかったために無気力になり、ピンチがすでに去ってからも、絶望感が邪《じゃ》魔《ま》をして行動できなくなっている。

イチローは気持ちの切り替えが早い。**失敗を事実としてしっかり受け止め、それをすぐに成功のエネルギーに変えてしまう。**

アンパイアとの駆《か》け引きにおいても、イチローの思考パターンには、柔軟性が満ちあふれている。

たとえばイチローは、ボールだと思った球をアンパイアにストライク！ と言われても、すぐに切り替えて、そのストライクゾーンに対応できるようなバッティングに努《つと》める。

この心の柔軟性がイチローを成功へと導いている。

イチローのプラス思考と心の柔軟性を積極的に取り込もう。そうすれば、成功はあなたのもとに飛び込んでくる。

失敗のない消極プレーか リスク覚悟の積極プレーか

気を抜いての凡ミスと、果敢に攻めて生じたミス、ミスを恐れての消極策。いずれもビジネスでは失策です。あなたが、仕事で目指すべき姿勢は？

失敗をエネルギーにしてイチローは伸《の》し上がってきた。

　その象徴が九九年のシーズンの西武の松坂大輔《だいすけ》投手との対決である。五月一六日、イチローは松坂との四回の対戦で最初の三回を連続三振に打ちとられる。ヒットを狙った第四打席はフォアボール。イチローの完敗といえる。

「完全に松坂君にやられました。だから、『次の登板はいつなんだ』と考えていました」。リベンジを心に誓《ちか》い、イチローは闘志をむきだしにした。

　ほんとうの意味でのイチローのリベンジは七月六日のグリーンスタジアム神戸（現スカイマークスタジアム）で実現する。しかし、ここでもイチローは最初の三打席を簡単に打ちとられる。ショートゴロ、二塁ゴロ、三塁フライと、ボールがどうしても外野に飛ばない惨敗《ざんぱい》である。

　しかし、その四打席目、イチローはセンターのバックスクリーンに大きなホームランを打つ。これがイチローの記念すべき一〇〇号ホームランであったのも何かの因縁《いんねん》である。

「ホームランは4打席目で打ったんですが、本当は誤算があった。実は、3打席目をホームランにしようと思っていたんです」（中略）「やっぱりちょっとずれちゃったんだな。打ち損じです。感覚としては完璧《かんぺき》に持っていけるボールだった。4打席目で運良く同じようなボールが来てくれたんで、その時にはイメージどおりに打てました」（『イチロー・インタビュー』）

　失敗を次の打席に確実につなげるイチローらしいやり方である。イチローが一打席目で打つホームランは多くはない。前の打席でピッチャーのボールを分析して、これならホームランを打てるという結論を出して、次の打席で果敢《かかん》にチャレンジしてみる。

日本人は失敗を避《さ》ける国民である。日本語で表現すると、過失と失敗の違いはそれほど明白ではない。英語に訳すと、過失はエラーで、失敗はフォールトとなる。

　エラーとフォールトは根本的に違う。野球でいうなら、うっかり気を抜いて牽制球《けんせいきゅう》で刺《さ》されるのがエラーであり、長打コースの完璧な当たりを外野手にファインプレーされればフォールトとなる。

　最善を尽《つ》くして、それがうまくいかなくても、フォールトは次に活かせる。当然「失敗をそのままにする」人間と、「うまくいかなかった原因をしっかり分析して次につなげる」人間の差となって現れる。

　失敗を恐れると、気持ちがどんどん消極的になる。成功と失敗のリスクは表裏《ひょうり》一体である。成功の山が高ければ高いほど、失敗の谷はどんどん深くなる。大きな成功には大きな失敗の可能性があり、小さな成功には小さな失敗しか存在しない。

　野球を観戦していると、その選手のリスクに対する考え方が見えてくる。消極的な外野手はなんとか捕れそうなフライもワンバウンドでキャッチしてヒットにしてしまう。ノーバウンドでキャッチできたかもしれないが、失敗する

「エラー」と「フォールト」は似て非なるもの

エラー派　さて、あなたは…？　フォールト派

前進より、失敗のない現状維持を選びがち

多少のリスクがあっても、新たなこと、成功度の大きいことにチャレンジする

成長や成功したいとは思いつつも、日々なんとなく過ごしている

成長した自分や成功への具体的なイメージをもっている

失敗は"自己評価"を下げる元凶と、クヨクヨ悩む

「失敗は成功の母」と、敗因を分析し、次に活かす努力をする

と二塁打にしてしまうと考えてボールにダッシュしようとしない。

いっぽう、イチローはどうだろう。難しい外野フライに対して、彼は迷わずダイビングキャッチを試み、アウトか、二塁打かに賭《か》けることができる。

もちろん、単純に派手《はで》なパフォーマンスの是非《ぜひ》は判断できない。状況に応じた判断が大切なときもある。わかっていることは、気持ちが積極的な選手と消極的な選手とは、行動に決定的な違いが発生するということだ。

人生を成功に導く人間は、リスクを背負いながらも積極的なプレーをする人間である。リスクのない成功なんてあり得ないことを積極志向の人間はしっかりと頭の中に叩《たた》き込んでいる。

失敗と成功が紙一重《かみひとえ》のところにある以上、失敗を恐れず果敢にそれに挑《いど》んでいく姿勢こそ、成功を勝ちとる手段である。

成功から得た自信は一つの失敗で崩れ去る

打たれてヘコむ人と、動じない人。真剣にやって負ければ、ヘコんで当然です。大切なのは、ヘコむか否かではなく、今回の負けを次に活かせるかどうかです。

失敗したときに考えたい5つのこと

◉失敗のない人間などいない。どんな天才打者も、10回に6回は凡打する

◉凡人と天才を分けるのは、失敗するか否かではなく「失敗を次に活かす」決意があるか否かだ

◉自分はベストを尽くしたか。ベストを尽くしたのなら、何が足りなくて失敗したのか

◉失敗を見つめるのはいいが、引きずるのは厳禁だ

◉今回の失敗は次の成功のため、真の強さを身につけるためにある

イチローは失敗をエネルギーに変える天才である。二〇〇〇年のシーズン、彼は強烈に四割を意識する。その前年の九九年も意気込んで四割を目指したが、肩に力が入って打ち損じが生じ、三割四分三厘に終わる。

そこでイチローは考え方を変える。四割を目指すにしても、一〇回のうち四回成功しなければ、ではなく、一〇回のうち六回失敗が許される。これが打者がもつアドバンテージだと考えてみよう、と。

その結果、肩の力が抜けて安打を量産し、一時的にではあるが八月五日の対西武戦終了後、三二五打席一三〇安打という、夢の四割ちょうどを達成する。

失敗こそ成長するためのエネルギーであるはずなのに、「失敗は罪悪」という方程式が日本の社会には根づいている。際立《きわだ》って成功しなくてもいい。その代わり、そこそこの成果を上げておけば及第《きゅうだい》点《てん》なのである。

いっぽう、アメリカは目立たない成果を上げてもなかなか評価してくれない。そのいっぽうで積極的な失敗には寛《かん》容《よう》な国である。

「成功しないと自信は勝ちとれない」と本気であなたが考えているなら、それは間違っている。成功したときの自信なんて、その次失敗すれば、アッという間にこなごなに砕《くだ》けてしまう。

逆境《ぎゃっきょう》を真の自信に結びつけることができるかどうかで、人間の価値は決まる。失敗を見事に切り抜けたときの自信こそ本物である。

失敗を次に活かすことのできる人間と、落胆《らくたん》だけで終わってしまう人間との差は大きい。**人間というのは、失敗したときに成長するものなのだ。**

スポーツのシーンだけでなく、ビジネスの現場にも勝者があるところには、かならず敗者がある。

●自分の企画した案がプレゼンで通らなかった。

●大きなプロジェクトの入札でライバル企業に仕事を奪われた。

●大事な顧客《こきゃく》がライバルメーカーの車に乗り換えた。

このような負けは日常茶飯《さはん》事《じ》である。たとえ結果が負けであっても、ベストを尽くしていれば満足感はわいてくるもの。

結果を重視しすぎるから、負けると悔しさだけが心に残ってしまう。

「勝ち」も「負け」も、しょせん結果にすぎない。すんでしまった結果に執着してはいけない。終わってしまった「負け」にクヨクヨしても得られるものはない。大切なのは「なぜ敗北したか」なのである。

逆境を逆手《さかて》にとり、それを切り抜けたときに培《つちか》った自信こそ本物である。

第4章

独自のスタイルで結果を残すイチローに学ぶ

壁を乗り越えられる人の習慣術

結果に一《いっ》喜《き》一《いち》憂《ゆう》せず、一定のリズムで仕事をするイチロー。その中で生まれる超スーパープレー。いっぽう私たちは、「今日は調子が悪い」「これ以上はムリ」と、自らブレーキをかけたり不安定になっていないか。つねに最善をつくすイチローのプロフェッショナル力とは…。

運のよい人とつき合うと本当に運がよくなる?

昔から「運も実力のうち」といわれます。運を味方にできる人と、運に見放される人。そこにはある共通点が。勝利の女神はこんな人に微笑みます。

イチローのこれまでの人生を振り返ってみると、多少の不遇《ふぐう》の時期もあったが、おおむね順風満帆《じゅんぷうまんぱん》である。素晴らしい家族、指導者、チームメイトに恵まれたことも大きな要因であるが、イチロー自身が良運を引き込む天才だったことが、そうさせている。

九六年に日本一になったときのことを聞いたインタビューにも、イチロー特有の思考パターンがにじみ出ている。

「日本一を手に入れて、『これでもうやることないだろう』と言われましたが、そんなことはないんですよ。僕らの優勝に限っては、まだまだ強くなるためには足りないものばかりだったですから。やることのほうが増えてしまった感じです」(『イチロー・インタビュー』)

たとえ良い出来事が訪れても、その中に不完全さを見いだし、より良い方向に向かおうとする意欲がよく見える。

イチローは良運を自分に引き込む達人である。イチローの絶え間ない練習を支えているのは、自分の不完全さを消し去ろうとする意欲である。凡打《ぼんだ》に打ちとられた反省がそうさせている。けっきょく、事態はどんどん良い方向に向いていく。

あなたは運を信じるほうだろうか? それとも運なんてあてにしないタイプだろうか? 運を良い意味で味方につければ、あなたの人生はもっとうまくいく。

成功している人間は運を信じている人ではない。彼らは、現実に起こった出来事をしっかり受け止めて、それ以降に起こるであろう出来事をより良い方向に導く達人である。だから、はたから見たら運に恵まれているように見える。

世渡りの下手な人の多くは、良くないことが起こったら、決まって「自分は運が悪い」と考えてしまう。

失敗したら運の悪さを嘆《なげ》かずに、うまくいかなかった事実を冷静に分析すればよい。良くない出来事にはかならず原因がある。その原因をつきとめて、二度と失敗をくり返さない対策を立てる。それしかない。

「運が良い」ことが自分の身に起こったら、それは「たまたま」であってはならない。不運の出来事を反省して、努力によって自力で引き寄せた結果の良運でなければならない。

だから、良運は他力本願《たりきほんがん》であってはならない。そこが他力本願の幸運との決定的な違いである。

「運の良い人と積極的につきあえ」という人生法則がある。これは真実である。それは、**運の良い人といっしょに過ごすだけで、思考パターンや行動パターンを知らず知らずのうちに学べるからだ。**

運の良い人たちと接するだけで、その人のパターンを私たちは無意識に盗んでいる。気がついたら、自力で良運を引き込む実力をしっかり手に入れている。

自力で良運を引き寄せられることを信じて努力する。あるいは、運のよい人たちを見つけて積極的にコンタクトをとる。これがあなたの人生を成功に導いてくれる。

努力した人に運は微笑む

“幸運”は氷山の一角のようなもので、じつは見えない努力に支えられている
成功
人知れず、コツコツ努力
アイデアをかたちに
知のインプット
英語
心理学
数学
流行を受信
積極的な拝聴
創意と工夫
結果が出なくても、成功の土台が築かれていく
失敗を幸運の肥やしにする
二度と失敗しないという強い意志
失敗
失敗の分析
プラス思考
幸運な人の思考や行動、リズムを吸収
運の良い人とつき合う

デキる人ほど「好き嫌い」をハッキリ主張する

多くの人は「好き嫌いはダメ」と言われて育ってきました。でもこれは、個性をあいまいにすることにも…。自分の責任で自分の意見を言う大切さとは。

好き嫌いをはっきりさせると、個性が生まれる

好き嫌いを主張するには、厳しい状況に立つ覚悟がいる。
あいまいな主張は、危険はないが、自分も才能も薄められていく

子どものころのイチローの「野菜嫌《ぎら》い」は有名だった。食べられるのは、せいぜいカレーライスに入っている野菜とタクアンくらいで、それ以外の野菜は決して口にしなかったという。

魚も刺し身しか食べなかった。もちろん、煮魚や焼き魚にはまったく手をつけない。

嫌いなものは絶対に食べないというイチローの偏食《へんしょく》は、当時の両親をずいぶん悩ませたようだが、これがイチローを一流に仕立てた一つの要因である、と私は考えている。「好き嫌いに理由なし。好きなものは好き。嫌いなものは嫌い」なのである。

たとえ二軍へ落とされようが、自分が宝物のように大事にしてきたバッティングフォームを毎年のように交代するコーチの好奇心だけでいじられたらたまったものではない、という主張をイチローは見事に貫《つらぬ》いた。好き嫌いをはっきり主張するイチローのこだわりである。

私は体育大学で、教室の中だけでなく、実際のフィールドに出て学生の指導をしている。そこでわかったことは、**有能な選手ほど自分の嗜好《しこう》をきっちり言葉にできる**、ということ。それは、日常生活のあらゆる場面で現れてくる。

逆に、**好き嫌いをはっきり言うことができないスポーツ選手は、いくら才能があっても一流にはなれない**。

そもそも「個性」とは、自分が選択した好き嫌いの積み重ねによって形成されるものである。**個性が見えてこない人間は、これまでの人生の中で自分の好き嫌いを主張してこなかった人間である**。

イチローの振り子打法は彼の個性そのものである。小さいころから目の前に出された食事に対して、しっかり好き嫌いを言えたことと、イチローのバッティングフォームはまったく無関係ではない。

好き嫌いを主張しないで「どっちでもいい」と言うことのほうが楽である。しかし、**それでは個性がどんどん削《けず》りとられていく**。

メジャーリーグの投手の投球フォームや打者の打撃フォームは千差万別《せんさばんべつ》である。厳しいストライクゾーンに時速一五〇キロのスピードボールを投げることができれば、フォームなんかどうでもいい。

あるいは、バックスクリーンに特大のホームランを叩き込めば、バットを立てて構えるか、寝かせて構えるかなんてどうでもいいこととなる。

すべて彼らの好き嫌いが個性を形成しているのである。

まず、しっかり「好き嫌い」を主張しよう。そこからしか、あなたの個性が生まれてくることはない。

スペシャリストからプロフェッショナルへ

「成果主義」といわれる現代を生き抜くための、真の仕事人の姿とは？企業は「専門性」を超越する〝意志をもった専門バカ〟を求めているのです。

給料に見合う仕事の「プロ」をめざす

さまざまなスキルで自分を高めていく
➡個の「仕事力」と「人間力」が重くなれば、報酬も必然的に増える
才能
努力
判断力
実行力
包容力
対人力
創造力
向上力
調整力
工夫力
過去・現在への報酬
今後への期待料
10000

二〇〇七年イチローはシアトル・マリナーズと五年九〇〇〇万ドル（約八五億五〇〇〇万円）の大型契約を結んだ。

もちろんメジャーにはイチローを超える年俸を稼《かせ》ぐスーパースターがたくさんいる。

ニューヨーク・ヤンキースの主砲アレックス・ロドリゲス選手は、メジャー最高年俸の二八〇〇万ドル（約二五億二〇〇〇万円）である。同じくヤンキースの看板選手デレク・ジーターは二一六〇万ドル（約二〇億五二〇〇万円）。イチロー選手は堂々メジャー六位に入っている。

ロドリゲス選手は、二〇〇四年に交換トレードでレンジャーズからヤンキースへと移籍したが、彼は当時、レンジャーズと一〇年契約を結んでおり、その総額はメジャー史上最高の二億五二〇〇万ドルだった。

じつは、レンジャーズの現オーナーのトム・ヒックス氏が九七年に球団を買収した金額が二億五〇〇〇万ドルであるから、ロドリゲス選手の一〇年分の年俸総額が、その球団買収額を上回るという現象が起こった。当時、ヒックス氏はこう語っていた。

「この契約は勝算のある投資だ。今後、ロドリゲス選手を獲得したことによるテレビ中継権料やチケット収入をはじめ、多くの分野で大幅な増収が見込めることは間違いない」

オーナーが考えていることはただ一つ。ロドリゲス選手への投資と、球団が獲得する利益のバランス。ヒックス氏はロドリゲス選手への投資が、球団経営にペイする確信があったから決断したわけである。

日本のビジネス界においても、スポーツ選手の年俸制と似通ったシステムを取り入れる企業が急激に増えるだろう。

企業に利潤《りじゅん》をもたらした人間にはそれに見合った報酬《ほうしゅう》が支払われ、業績が上がらなければ報酬は激減する。時代が成果主義を要求している。

スペシャリストとしての才能に磨《みが》きをかけて、精いっぱい企業に貢献《こうけん》する。いや、スペシャリストでは不十分だ。あなたはプロフェッショナルでなければならない。趣味や気晴らしで、そこそこの才能を身につけているスペシャリストでは物足りない。

それでお金をしっかり稼げるだけの、何か一つの誇《ほこ》れる才能が必要だ。そうでなければ、企業はそれに相当する報酬を保証してくれない。そういう時代が日本のビジネス界にも目の前に迫《せま》っている。

その日に備えて、プロフェッショナルとして企業に貢献できるあなた固有の才能に磨きをかけよう。きっとあなたは人生の成功を手に入れることができる。

メジャーとマイナーの決定的な違いとは

激烈な競争の世界で生き残るには、強さだけでなく、常に安定した心理状態を保つことが要求される。イチローが会得したチャンピオンの心に学ぶ。

イチローのように、マイナーを経ないでメジャーデビューからレギュラーとして活躍するのは、異例の出来事である。

大リーグの世界では限られたレギュラー枠《わく》をめぐって、多くの優秀なプレーヤー間で激しいポジション争いがくり広げられている。

メジャーリーグの一球団に所属する選手の数は、傘下《さんか》のマイナーチームを含めて平均二五〇人である。そのうち投手が約一〇〇人、野手が約一五〇人である。野手のポジションは八つあるわけだから、一つのポジションに平均一九人の選手がひしめいていることになる。

ほんのひと握《にぎ》りの選手だけがメジャーの一軍登録をされ、ほとんどの選手はメジャーという最高の舞台に一度も上がることなく選手生命を終えていく。

メジャーリーグの一軍の登録枠は二五人であるから、大リーガーは全選手のたった一〇パーセントでしかない。

傘下のマイナーチームからの昇格だけでなく、トレードやFA移籍で他球団からどんどん優秀な選手が供給されるメジャーでは、毎試合がポジション争いのバトルである。

貧困な幼少時代を過ごした選手なんかは、日本では当たり前の「チームの和」とか、「勝利への貢献」などは二の次である。

なかには、自分の成績さえよければそれでいいと考えている選手もいる。なりふりなんか構っていられないというのがメジャー選手の実情である。

イチロー自身もそのへんのことは百も承知である。

「日本なら、自分の力の五〇パーセントでもなんとか数字は残せたけれど、アメリカではそれは絶対に無理だということがわかりました。能力を百パーセント、フルスロットルで出せる状態にないと、イチローという選手の魅力は見せられないでしょう」(『イチロー・インタビュー』)

日本のプロ野球でプレーしているときは、イチロー自身「今日は調子が悪いから、手を抜いてしまえ」という気持ちを持ったこともあったという。

しかし、それではメジャーでは間違いなく潰《つぶ》れてしまうことを肌で感じている。

プレーを変えるよりも、まず意識を変える。そうでないと、実力が拮抗《きっこう》しているメジャーリーグでは闘えない。

メジャーリーグとマイナーリーグのプレーヤーの差は意識構造の違いである。メジャーリーグに詳《くわ》しいタック川本氏によると、メジャーと3A《スリーエー》との間をめまぐるしく行ったり来たりする選手のことを「a cup of coffee」と呼ぶという。

「コーヒー一杯」とは、「アッという間」のたとえである。メジャーに上がったと思ったらアッという間に3Aに降格するか、トレードに出されてしまう選手のことをいう。

コーヒー一杯の選手と一流のメジャーリーガーの技術の差は、じつはほとんどない。「コーヒー一杯の選手」は常に一喜一憂《いっきいちゆう》している。心の浮

“一流”の人は、なぜ心の安定を保てるのか

スポーツ選手もビジネスマンも“一流の人”は「心・技・体」が充実している

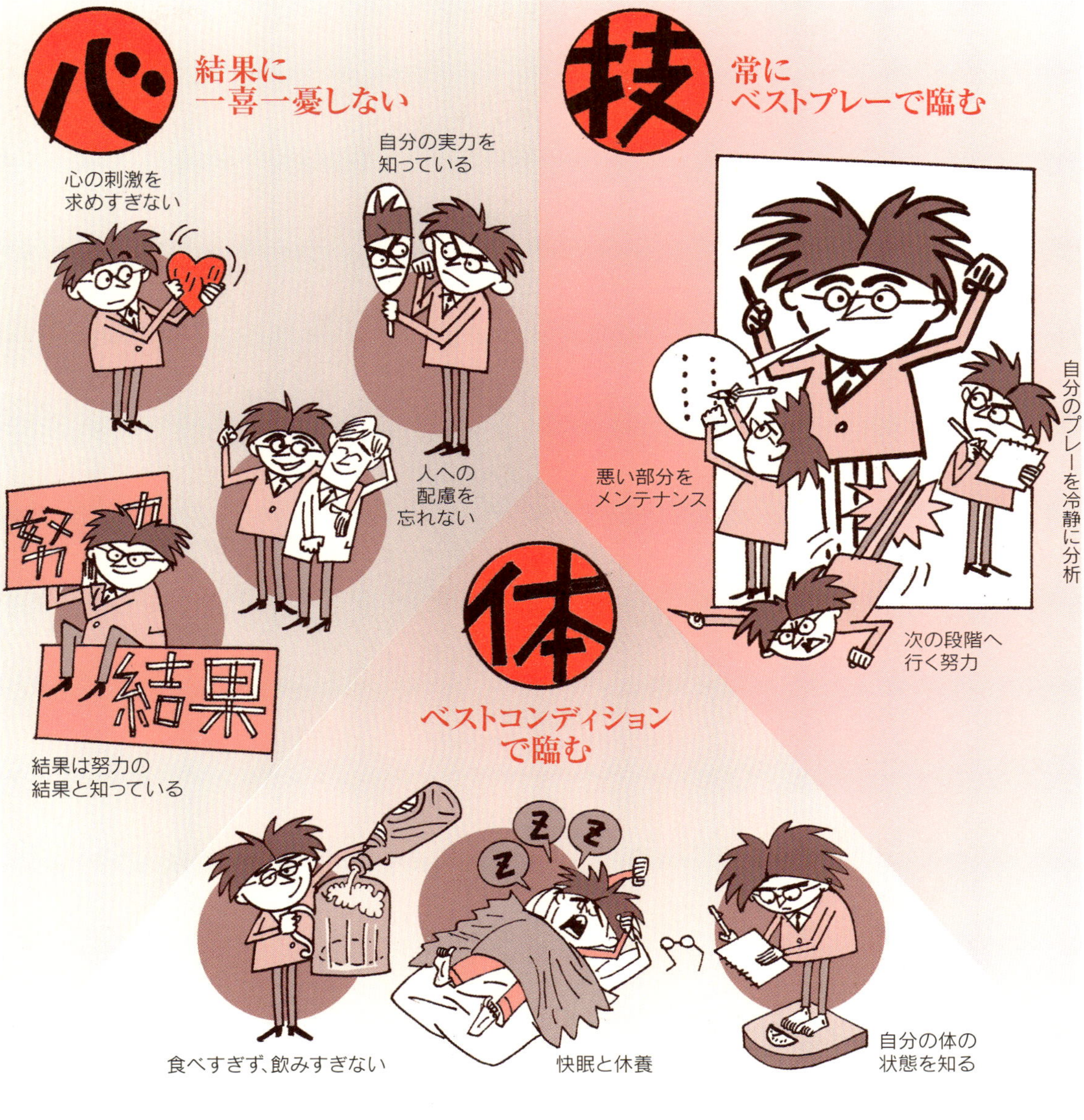
心
結果に
一喜一憂しない
心の刺激を
求めすぎない
自分の実力を
知っている
人への
配慮を
忘れない
努力
結果
結果は努力の
結果と知っている
技
常に
ベストプレーで臨む
悪い部分を
メンテナンス
自分のプレーを冷静に分析
次の段階へ
行く努力
体
ベストコンディション
で臨む
食べすぎず、飲みすぎない
快眠と休養
自分の体の
状態を知る

き沈《しず》みが激しい。だから技術の浮き沈みも激しくなる。プレーが不安定なのは技術が不安定なのではなく「心の不安定」にある。

一流の選手は少々スランプにおちいっても、たとえ一軍の登録リストから抹消《まっしょう》されても、心の起伏《きふく》を見せることはない。たとえあったとしても、心の内を他人に悟《さと》られないように、あくまでも平静を装《よそお》いながらプレーできる。それが一流選手の証《あかし》である。

イチローの淡々《たんたん》としたプレーは、まさに一流のそれである。「野球禅《ぜん》のマスター」という称号を彼に与えたい。

●三振をしても悔《くや》しがらず、ホームランを打っても喜ばない。

●プレーの結果を深く分析する余裕があっても、結果に一喜一憂しない。

●淡々とプレーすることに命を注ぎ込む。

すべてイチローが会得《えとく》している「チャンピオンの心」である。

チームプレーに徹するか個人プレーで生きるか

〝自分が一番〟のスタープレーヤーが集まるプロの世界。ここではチームワークは無用の長物か? いっぽう、一般の組織における、その一長一短とは。

イチローは、メジャーリーグ志向の理由の一つに、そこが「個の力」を発揮できる場であることを挙げている。

「メジャーリーグは見ていて楽しいし、何よりもカッコいいです。そのカッコよさの原形は、個人と個人の対決のようなところにあると思うんです。個人と個人の闘いがあって、その結果、チームの勝利っていうのがあると思っているのですけど、日本の野球って、チームの勝利のために個人を殺してやっているところがあるんです。その点メジャーは力と力のぶつかり合いですから、打てなければ力負け、技術不足という納得のいくものが出てくる。だから、わかりやすいし、ボクは好きなんです」

アメリカではメジャーリーグを「ザ・ショー」と呼んでいる。ニューヨークのブロードウェーで連日上演されているミュージカルが「ザ・ショー」なら、そのすぐ隣《となり》のヤンキー・スタジアムでプレーされるニューヨーク・ヤンキースのゲームも「ザ・ショー」なのである。

観客を熱狂させるこのショーの最高の演出は、そこに出演しているスターの華麗《かれい》な演技を堪能《たんのう》させることにある。

メジャーリーグでは、選手のトレードがシーズン中でも平気で行なわれる。ショーの演出家である監督が、最高の技術を披露《ひろう》できる「ショーマン」の入れ替えをシーズン後まで待つことはない。

メジャーリーグで、「チームワーク」という言葉が語られることはあまりない。むしろ、「チームワーク」はほとんど必要ないというのが、監督とプレーヤーの一致した考え方である。

本来「チームワーク」とは、弱い者のいるグループが結束して何かをやるときに使われる言葉である。

たとえば激流を渡るとき、弱い者がグループの中にいて、その人間を向こう岸へ渡すときに強い者ががっちりと体を支えて渡してやるというときに使われる。

だから、強者の集団であるメジャーリーグでは、「チームワーク」は必要ない。**個の力さえ目いっぱい発揮すれば、自然にチームワークが生まれてくる、と彼らは考えている。**

「チームワーク」を強調すると、かならずそのかげで力を抜く者が出てくる。

これに関して、ドイツの心理学者リンゲルマンが綱《つな》引きによって興味ある実験をしている。

一本のロープを一人ずつで引き合うと、お互いが六三キログラムの力を発揮した。しかし二人ずつで引かせると、一人当たりの力は五三キログラムに減少し、三人ずつで引かせると、なんと三一キログラムまで減少した。

日本では、「チームワーク」というと心地よい響《ひび》きがあるが、複数の人間が共同作業をすると、一生懸命《けんめい》やっているように見えても、実質的にはかなり手抜きをしてしまうのである。「グループ内手抜き」という心理学の法則である。

勝ち負けの前に、個々の選手の「ザ・ショー」がある。

“チームワーク至上主義”の危険性

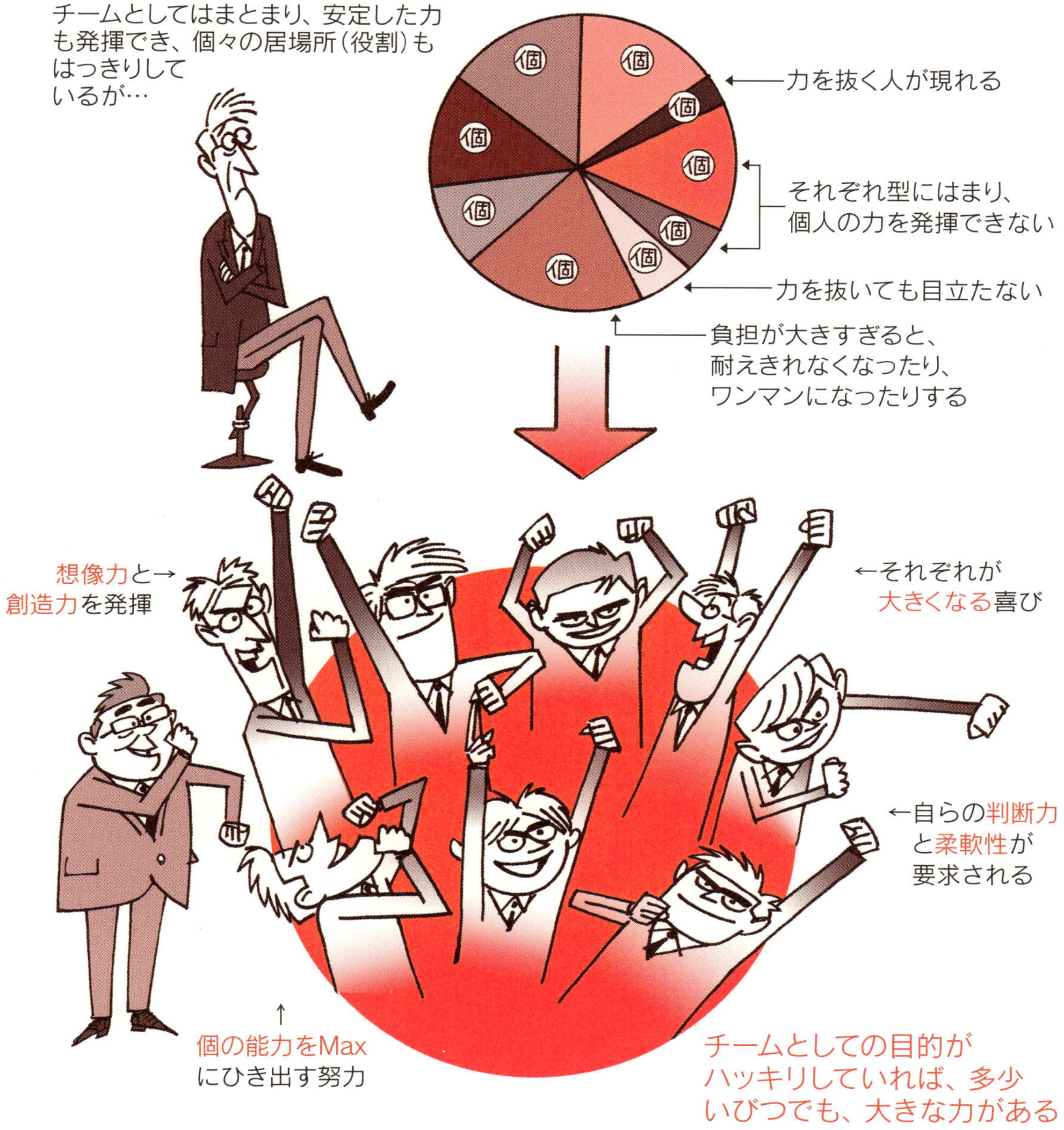
チームとしてはまとまり、安定した力も発揮でき、個々の居場所（役割）もはっきりしているが…
個
力を抜く人が現れる
それぞれ型にはまり、個人の力を発揮できない
力を抜いても目立たない
負担が大きすぎると、耐えきれなくなったり、ワンマンになったりする
想像力と→
創造力を発揮
←それぞれが大きくなる喜び
←自らの判断力と柔軟性が要求される
↑
個の能力をMaxにひき出す努力
チームとしての目的がハッキリしていれば、多少いびつでも、大きな力がある

それがメジャーリーグ最大の魅力である。華麗なショーを披露した結果、勝てればさらにハッピーというプレーヤーと観客の一体感がある。そこが、面白くもないプレーをしてまで勝利にこだわる日本の野球と決定的に違うところである。

アメリカのファンは、ホットドッグをほおばりながら、ビール片手にフィールドでくり広げられる「ザ・ショー」に酔《よ》うのである。

ホームラン性のボールをダイビングキャッチしたり、バッターの胸元《むなもと》にビーンボールを見舞ったり……。すべてプレーヤーがくり広げる真剣な「ザ・ショー」なのである。

観客を魅了《みりょう》するような華麗なプレーをして、確実にチームに貢献するスターになる。これは、ビジネスの組織の中で私たちが目指すものとなんら変わらない。

組織の中のスタープレーヤーを目指せば、黙《だま》っていても成功は手に入る。

プレーの結果にイチローが一喜一憂しない理由

成功に歓喜する人、失敗に肩を落とす人。そして、淡々と結果を受け止める人…。あなたはどのタイプ？デキる人は、こんな心構えで仕事に臨みます。

日本のプロ野球でよく見られるのが、ホームランを打ったバッターが一塁ベースを踏みながら、拳《こぶし》を天に突き上げてガッツポーズをとるシーンである。

メジャーリーグでは、ホームランを打ってもバッターは喜びの表情をあまり出さない。淡々とした態度でホームベースまで帰ってくる。

もしもメジャーリーグでガッツポーズをしたらどうなるか？　おそらくこのバッターは次の打席でピッチャーにボールをぶつけられる運命にある。

これには、主に二つの理由がある。

一つ目の理由は、メジャーリーグでは、ホームランを打ったバッターには、「ピッチャーにホームランを打たせてもらった。感謝しなくちゃ」という暗黙の了解があるということ。だから、ホームランを打っても喜んではいけない。たとえ心の中に歓喜《かんき》がこみ上げてきたとしても、少なくとも外面的には極力《きょくりょく》冷静さを保たなければならない。

もう一つの理由がある。それは、メジャーリーガーには、「オレがこの場面でホームランを打ったのは至極《しごく》当然の出来事だ」という自負《じふ》がある。だから、いちいち喜ぶ必要なんかないのである。

いっぽう、メジャーリーガーの多くは三振したときには、悔しがる。それは自信の裏返しである。「オレがこんな大事な場面で三振するなんて」という自尊心《じそんしん》がバットを地面に叩《たた》きつけさせている。

この点において、イチローは別格である。イチローの表情を観察していると、すべてのバッターボックスでその結果にほとんど反応していないことがわかる。ホームランを打っても喜ばないし、凡打に終わっても悔しがらない。

まさに淡々と自分の仕事をこなしている。

自分のパフォーマンスに一喜一憂しているうちは、並のプレーヤーから脱却《だっきゃく》できない。ホームランを打ったからといって、次の打席に再びホームランが打てるという保証はまったくない。反対に、一度三振したからといって落胆する必要なんかない。次の打席にホームランを打てばよい。

イチローにとって一打一打はまったく独立したもの。すべての打席において、最高の結果を出せるように最善を尽くす。ただし、その結果には反応しない。たとえ凡打に終わっても、投手との駆け引きや打った感覚から何かを学習して次の打席に反映させる。悔しがっている暇《ひま》なんかない。

イチローはそういう思考パターンできっちり自分の仕事をしている。

結果に反応して喜怒哀楽《きどあいらく》を表すほうが自然である。しかし、それでは結果をフィードバックして次に活かす分析力が鈍《にぶ》ってしまう。

ときには、思いどおりの結果が出せなくてはらわたが煮えくり返るほど悔しい場面もあるだろう。それでも冷静になって、ありのままの自分を見つめなおす。そういう冷静さを、私たちはイチローから学ぶことができる。

一回、一回の仕事に一喜一憂すると…

より多くの頭を使い
より多くの経験を積めば、
自分を支える幹は太くなる
チャレンジ
メンテナンス
分析・試行錯誤（研究）
実践・実体験（成功も失敗も）
迷走が暴走に…
迷走を
はじめる
現在の自分の"実力"は、
過去の経験と努力の結果
結果に
一喜一憂すると、
とんちんかんな方向へ
現時点での実力で目の前の
課題に必死に取り組む
課題
失敗も成功も、次の
"実力"に組み込まれる
次の課題
自分を支える幹はじょじょに太くなる
また次の課題に
真剣に取り組む

それぞれの仕事は"別もの"と考え、
淡々と、しかし真剣に向き合うことが大切!!

恐怖や不安から逃げると、それは増大する

ただ身を小さくして避ければ…
恐れは頭の中で増大し、腰くだけに

勇気を出して立ち向かえば
経験も積まれ、自信も出る

ピンチから逃げれば恐怖はどんどん増大する

仕事の場では、さまざまな窮地が、あなたを襲います。そこで逃げるか、立ち向かうか。恐怖と不安への対処が、人を強くもするし、ダメにもします。

メジャー一年目の二〇〇一年七月八日の対ドジャース戦の二回表、左腕ウィリアムズの一四四キロの直球がイチローの頭部を襲《おそ》った。ボールはヘルメットを直撃。場内は静まり返り、マリナーズのベンチからピネラ監督、トレーナー陣が飛びだした。

このとき、イチローは自らの無事を伝え、何事もなかったように一塁に向かった。直撃する直前、衝撃《しょうげき》を和《やわ》らげるように避《さ》けた無意識の動作が最悪の事態を回避《かいひ》した。

ふつうならその後の打席で腰を引いてしまうところだが、イチローは違った。七回の第四打席で右翼線《うよく》に二塁打を放つ。試合後のインタビューでイチローはこう語った。

「死球？　怖《こわ》い選手なんていないでしょう。ボールを怖いと思ったらグラウンドに立っちゃいけないと思います」

ひるむどころか、いつも以上に球に向かっていき、この回六点のビッグイニングにからんだ。三か月のメジャー生活でイチローの精神力は一段とたくましさを増していた。

オリックス時代のイチローも、「腰が引けたら打者としては失格ですから」と、デッドボールをぶつけられてもホームベース近くに立つことをやめなかった。デッドボールを受けた次の打席では、ホームベースにもっと近づいたこともある。

デッドボール対策として、ホームベース近くに構える理由をイチローは説明している。

「デッドボールを与えても、打率は下がらない、ヒットは減らないという圧倒的な強さで投手に対抗するしかないんです」

恐怖を感じても、それに対してへっぴり腰になってはいけない。そんな態度を見せたら、相手はますます攻撃をしかけてくる。

一流の打者というのは、投手に胸元スレスレのビーンボールを投げられても、投手をしっかり睨《にら》み返す度胸《どきょう》がある。

たとえ心の中に恐怖感が芽《め》生《ば》えても、態度は堂々としていなければならない。そうしないと、かならず相手につけ込まれる。

これは私たちの人生にも十分通用する。

ちょっとした仕事のピンチで、そこから逃げる人がいる。勇気を持ってピンチを乗り切れば、かならずチャンスは訪れる。

恐怖を克服《こくふく》することによって、ピンチを乗り越える能力が手に入る。だから、ただの恐怖感だけで、パニックになったり、ピンチから逃げてはいけない。**冷静にピンチを分析して、果敢《かかん》にチャンスを捕まえにいく強い意識こそ大切なのだ。**私たちはそれをイチローのバッティングから学ぶことができる。

格好のライバルがあなたを大きくする

「この人には負けたくない」、そんなライバルがいますか？自分と向き合うだけでは甘えもでますが、他者の存在は闘争心を大きくかきたてます。

"ライバル"なくして成長なし
大きなライバルが見え隠れすれば
闘争心に火がつき自分磨きに迫力が出る
鏡に映した自分と向き合うだけでは…
成長せず、甘くもなるが…

イチローは、ライバルとの闘いを励《はげ》みにして成功の階段を上ってきた。その中でも、とくに意識したのは、現在ボストン・レッドソックスの松坂大輔《だいすけ》投手である。

すでにイチローの松坂との対戦については簡単にふれたが、日本における対戦成績は、三四打数八安打、打率二割三分五厘。あきらかに松坂に軍配が上がる。

メジャーにおける初対戦は二〇〇七年四月一一日。この日松坂はマリナーズに三点を献上して敗戦投手になったが、イチローを四打数ノーヒットに仕留めている。

これまでのメジャー通算成績は、一六打数四安打、打率二割五分。メジャーでもイチローは松坂に抑え込まれている。

残念ながら二〇〇九年は松坂の故障のため、二人の対戦は実現していないが、今後の二人の対戦は見逃せない。

ほんとうの成功は、ライバルなくして達成できないものである。松坂投手に闘争心むきだしで向かっていった気持ちはイチローを進化させた。

メジャーリーグでは、「プラトーン方式」と称して、同じポジションに二人の選手をベンチに入れて、猛烈《もうれつ》に競わせる。

たとえば、メジャーの捕手枠《わく》は原則として二人である。一人がレギュラー、もう一人が控《ひか》えである。この二人の実力はほとんど変わらない。

監督の判断基準は何かというと、「今日はどちらのほうがゲームに貢献してくれるか」ということだけである。理屈抜きに調子のよいほうを先発メンバーに起用する。

レギュラー選手が、ちょっとしたケガでゲームを休もうものなら、簡単にもう一人の控えにポジションを取られてしまう。だから、たとえ骨折してもゲームを休まない。そんな闘争心をかき立てるライバルの存在がお互いに切磋琢磨《せっさたくま》して、結果的にチームに貢献することになる。

これは私たちの成長においても使える。現在、あなたにライバルは存在するか？

もしも、あなたにライバルがいなかったら、すぐにそれをつくり出そう。

通常は、**「あいつには負けたくない」と考えている会社の中の同僚が当面のライバルだが、同業他社のキレる人間をライバルにしてもよい。直属の上司だって構わない。**

どちらにしても、「あいつにだけは負けられない」という闘志をかきたてられる存在がライバルである。

欲張りしてもよいから、自分の励みになって、結果的に自分を高めてくれるような相手を探し出そう。きっとやる気が増してあなたを成功に導いてくれる。

スランプをどう乗り越えたらいいか

誰にでも、調子の上がらないときがあります。そんなときはどうするか？ヤケを起こしたら負け。イチローが、その心構えと行動を示してくれます。

調子のよしあしで自分のペースを乱さない
自分を忘れず、目の前のことに集中すれば、
スランプ（あるいは足元が悪い状態）での凡打でも、
確実に力になる
努力を怠る人は、
手を出しても届かず、
まぐれで当たっても、
次に続かない

二〇〇九年に開催された第二回WBCでイチローは深刻なスランプにおちいった。全九試合での成績は、四四打数一二安打、打率二割七分三厘。しかし決勝戦を除けば三八打数八安打、打率二割一分一厘という惨憺《さんたん》たる成績である。

　このことについて、後にイチローはこう語っている。

「いろんな要素があると思いますが、具体的にははっきりしていたのは、目でボールを見ようとしていたことです。体で見るのではなく、目で見るから、始動が遅くなってしまう。知らないピッチャーが出てくると、どうしても目で見てしまいがちなんです。初めての相手に対して、いきなり体でボールを見るのは難しい。ずっと、そのこととの戦いでした」（『Number』二〇〇九年四月号）

　スランプのときでさえも自分が進化していると考えられる。これがイチローの凄さである。

　九一年にナショナル・リーグのMVPを受賞した名三塁手、テリー・ペンドルトンはこう語っている。

「ヒットが打てるかどうかなんてボクは考えていない。ただ毎晩バッターボックスに立つだけだ。自分のバットを持って」

　ペンドルトンにしてみれば、「ヒットを打ちたい」という欲望までもがバットスイングに悪影響を及ぼしていると言いたいわけである。

スポーツのシーンを丹念《たんねん》に観察していくと、けっきょくは目の前の仕事をいかに成功させるかに行き着いてしまう。

　調子のよいときもあるだろう。そこで浮かれていてはいけない。あるいは、なかなか結果が出せないこともあるだろう。だからといって落胆していても仕方ない。

　イチローにしてみれば、全身全霊をかけて、飛んでくるボールに反応する。ただ、そのくり返しだけである。結果は自然に後からついてくる。

　ボクシング元ヘビー級チャンピオン、ジョー・フレイジャーの言葉がある。

「試合でも人生でもあれこれ戦略を立てることはできる。だが、いざ始まったら、予想どおりの展開になるとは限らない。その場合、反射神経だけが頼りだ。つまりは、練習をどれだけ積んできたかだ。そのときになって、ロードワークをやってきたかどうかの差が出る。まだ薄《うす》暗い明け方、ぐずぐず言っていたやつは、まばゆいライトの下で、自らの腑《ふ》甲斐《がい》なさをさらけだすことになるんだ」

　最高の準備をして、理屈抜きに自分の目の前の仕事をきっちりやり遂げる。仕事の原点がここにある。

第5章

超・プラス思考を忘れないイチローに学ぶ

プレッシャーに強い人の習慣術

厳しい状況が目の前にあるとき、あなたはそれを恐怖ととらえるか、チャレンジととらえるか。世間には、プレッシャーに強い人と弱い人がいるが、その差は心の持ち方にある。結果ではなく、最高の自分を出すことだけに意識を集中する、イチローの精神力とは…。

謙虚さも必要だが「勝者の思考」が重要

日本人の多くは、表向き、勝因は他者に譲り、敗因は自分に求める。あなたはどうか？うまくいったときは、もっと自分の実力を強調すべきです。

私は、多くのプロスポーツ選手との交流の中で、彼らに強調するアドバイスがある。それは、「**勝者のメッセージを吐《は》け**」ということである。

　同じ状況におかれても、一流選手と並の選手では、語るメッセージは明らかに異なる。二〇〇三年五月六日の地元シアトルでの対ヤンキース戦。イチローは最初の三打席でヒットを連発した。その後の三打席は凡退《ぼんたい》し、六打数三安打に終わる。ふつうなら喜んでよい成績である。

　ところが、試合後イチローは、「僕の中では今日は〝6の6〟ですよ」と不満そうに答えた。つまり、本当なら6安打できたということなのだろう。結果にこだわらず、どこまでも最高の自分を追い求めていく。これが「勝者の思考パターン」である。

　良い結果が出たとき、一流の選手は実力のせいにするが、並の選手は運のせいにする。以前、あるパ・リーグの試合で、代打で出て決勝ホームランを打った選手がいる。本人の名誉のために名前は伏《ふ》せておくが、ヒーローインタビューの彼の言葉はこうである。

「ボールはストレートでした。あんなにうまく打てるとは思いませんでした」

　あくまでも自分のツキを強調する敗者の思考パターンである。自分がよい結果を出したとき、間違ってもそれをツキのせいにしてはいけない。

アメリカの高名な心理学者、マーティン・セリグマン博士は、「原因の帰属《きぞく》理論」という心理学の法則を打ち立てた。この理論を簡単に説明してみよう。

　これは、「自分の身の周りに起こった成功や失敗を自分自身がどのように解釈するかによって、その後の人生が大きく変わる」という理論である。

　勝者は良いことが起こったら、それを自分のせいにする。いっぽう、敗者は良いことが起こっても、その原因を自分以外のものに求める。

　反対に、良くないことが起こったら、勝者は自分以外のせいにして、敗者はその原因を自分のせいにする。

　それがセリグマン理論の骨子である。

　これは私たちの日常生活にも十分使える心理学の理論である。うまくいったら、自分のせいにしてみよう。

「今日のプレゼンテーションはうまくいった。ボクは人前で話をすることが得意だ」

　反対に事がうまく運ばなかったら、その原因を自分以外のものに求めてみよう。

「今日のゴルフのスコアは良くなかった。新しく買ったクラブがまだ自分に馴染《なじ》んでいない。来週ゴルフ練習場でみっちりボールを打ち込もう」

　自分の思考をうまくコントロールするテクニックをしっかり身につけよう。そうすればかならずあなたの人生はうまく回りだす。

「勝者」と「敗者」の思考パターン

勝者→良い結果は「自分の実力のおかげ」、悪い結果は「自分以外のせい」にする
敗者→良い結果は「自分のツキのせい」にし、悪い結果は「自分のせい」にする

◉良いことが起こったとき

プレゼンテーションで大成功！

（勝者の思考）

- ぼくは人前で話すのが得意！
  ↓
- 心に余裕が生まれ、次の機会にはもっと落ち着いて、説得力のある説明ができる
  ↓
- 評価がさらに高まり、プレゼン力のさらなるアップにつながる！

（敗者の思考）

- 厳しいツッコミが入らなかったから、なんとかうまくやれた
  ↓
- 次はどうなるかわからない。もともと話すの得意じゃないし…
  ↓
- 自信をなくし、次のプレゼンではしどろもどろ。せっかく上げていた評価をフイに…

◉悪いことが起こったとき

肝心のパットがうまくいかず、ボギー連発！

（勝者の思考）

- 今日の失敗は、買ったばかりのクラブにまだ慣れていなかったからさ
  ↓
- クラブに慣れようと、練習に精を出す
  ↓
- 練習で得た自信と実力で、次のプレーではナイススコア！

（敗者の思考）

- せっかく性能抜群のクラブを買ったのに、うまくいかなかった
  ↓
- 自分はゴルフのセンスがないのかも…
  ↓
- 自信をなくし、次のプレーでは自己最低のスコアに…

良い結果を残せる人は自己催眠を知っている

私たちの多くは、無意識のうちに否定的な言葉で自分を縛り、動きを止めてしまう。思考の向きさえ変えれば、ピンチにもチャンスにも強くなるのに。

イチローが中村監督に教えられたのは、野球の技術だけではない。プラス思考である。打席でイチローが投手を威圧《いあつ》する迫力は、自分の役割を果たすことに徹《てつ》した強い責任感から生まれている。

　中村監督がこう語っている。

「イチローにはプラス思考の重要性をよく言って聞かせました。結果はいいか、悪いかのどちらかなんだ。そんなとき、『ダメかもしれない』と弱気になったら、かならずそっちに引きずられる。そこで『絶対うまくいくに決まっている』というプラス思考が必要だって」

　監督のくり返されるこの教えによって、イチローは打席に入ったときには、「自分は打てるに決まっている」と自然に思えるようになったという。

「念ずれば、その願いは叶《かな》う」のである。心理学では、これを「ピグマリオン効果」と呼んでいる。

　ギリシャ神話のキプロスの王ピグマリオンは彫刻家であった。自分の彫《ほ》った女性像に向かって「どうか人間になってくれ」とくり返し懇願《こんがん》した。あまりの熱心さにそれを見ていた神はこの王の望みをかなえてやろうと考え、彫刻の女性像に命を与えてやった。その結果、ピグマリオン王はその女性とめでたく結婚をして幸せな人生を送ったという。

もちろん、中村監督が教えたプラス思考は、これだけではなかった。練習のときは、逆に考えることをイチローに教えたという。

「『自分はいちばん下手なんだから、誰よりも練習しないとダメだ』と考えれば、練習も苦にならない」という中村監督流のプラス思考である。

　中村監督の教えを受けて、どんな状況でも2《ツー》ストライクに追い込まれた状態を想定してバッターボックスに入ったという。**自分をぎりぎりの状態に追い込んで、その状態でも「かならず打てる」と考えて投手に向かっていく。**

　高校時代、最悪の状況に自分を追い込んで、最高の能力を発揮する「自己催眠術《さいみんじゅつ》」を身につけたイチローに怖《こわ》いものは何もなかった。

　放っておくと、知らないうちに私たちは「マイナス思考」によってコントロールされている。その結果、否定的な言葉をつぶやいて、無意識に消極的な行動をとってしまう。

　あなたは無意識に「……できない」とか、「……が嫌《きら》いだ」といった否定的な言葉をつぶやいていないだろうか。

　このような言葉に敏感《びんかん》になって、弱音を吐いたときには「ストップ」と心の中で叫《さけ》んでみよう。

　同時に、**「……できない」を「……できる」に、「……が嫌いだ」を「……が好きだ」に変えていこう。**

　自分の吐くメッセージをマイナス思考からプラスに転じるだけで、あなたの周りで次々と良いことが起こりだす。

結果は「良い」か「悪い」かの
どちらかしかない。
行動する前から「ダメかもしれない…」
と弱気では、自ら望まない結果を
引き寄せているようなもの

ダメかも しれない…
きっと ダメに 決まっている…
自分には
ムズカシすぎる…
悪い結果
良い結果

自己催眠
…ができない
…が嫌いだ
消極的な行動を招く
ネガティブワードを追い払い…
能力
念ずれば通ず…
…ができる!
…が好きだ!
積極的な行動へと導く
ポジティブワードに切りかえる!

時間に余裕はない、乗り越えるべき課題はいっぱい…
そんなギリギリの不安定な状況に「自己催眠」で自分を追い込んでみる。
そして、「それでもなお、自分ならできる!!」と強く念じ続ければ、
どんな状況でも潜在能力を最大限に発揮できるようになり、
あなたのまわりで良いことが次々に起こりだすはずだ!

楽観派と悲観派の差は逆境の時に歴然となる

あなたは楽観的ですか、悲観的ですか？ものごとがうまくいっているときは、両者に大差はありません。でも、窮地に追い込まれるほど強いのは…？

悪い結果に落ちこむより「なぜ悪い結果を招いたのか」を徹底的に分析してみよう。悪い結果から、成功へのヒントを探りだす。この習慣が、あなたを「楽観主義者」へと変えてくれる

イチローは、「ボクのプラス思考は、名電高《めいでん》の中村監督から学んだものだ」と断言する。

父の宣之《のぶゆき》さんが高校生のイチローに「野球だけに賭《か》けることの将来への不安」をふともらしたとき、イチローは「お父さんのはマイナス思考だよ」と答えたという。

自分の打撃論についても、イチローはあくまでもプラス思考を貫《つらぬ》きとおす。

「空振りだとか三振だとかに一喜一憂《いっきいちゆう》はしないということが大事です。そこで、打てない、もう駄目《だめ》だと思ってしまったら、次の打席には立てないですよ。たとえ、三打席、四打席駄目であろうと『次』に繋《つな》げる打席にしなければ、打ちとられてしまうでしょう。三振しても、打ち取られても、そのピッチャーを打つための『何か』を得られればいいわけで、ボクは打席ごとに勝った負けたと騒《さわ》がないように心がけています」（『イチロー・インタビュー』）

よくない事実に直面したら、悔《く》やんでいる暇《ひま》なんかない。次の飛躍《ひやく》に結びつくヒントをそこから学びとることに専念しなければならない、と。

うまくいっているときには、楽観主義者も悲観主義者もパフォーマンスに変化はない。ところが、一度逆境が訪れると両者の差は歴然《れきぜん》となる。

これに関して、あなたは八八年のソウル・オリッピックで注目を集めたマット・ビオンディという水泳選手のことを記憶しているだろうか。

ビオンディはこのオリンピックで水泳の七種目に出場。金メダル間違いなしとの下馬《げば》評《ひょう》にもかかわらず、出だしの二種目でつまずいた。

並の選手なら、残り五種目でガタガタとくずれてしまう状況である。しかし、ビオンディは五種目すべてで金メダルを獲得《かくとく》する。

じつは、その四か月前に、ビオンディが楽観主義者であることを前出のセリグマン博士は導き出している。

博士はまず、ビオンディに一〇〇メートルバタフライを全力で泳がせた。なかなかの好記録であったが、コーチはそれより一・五秒遅い虚偽《きょぎ》の記録を告げる。ビオンディはその記録に少々落胆《らくたん》した表情を見せた。数分の休憩《きゅうけい》後、もう一度全力で泳ぐように指示されたビオンディは、一回目よりもよい記録を出した。

それまでの実験では、「悲観主義者は自分が予想しているタイムよりも悪いタイムを告げられると、次のトライアルではかならず実際のタイムよりも悪くなる」ことが証明されていた。

ビオンディが楽観主義者であることは、この実験でも証明されていたのである。

厳しい状況においてチャレンジを楽しめるか

大切な場面で緊張し実力をだせない人と、"勝負強い"と言われる人。どこが違うのか？大記録も単なる通過点とするイチローに、心の秘密を学ぶ。

「プレッシャー」って、なんだろう？

◉時間に余裕があるとき…　　◉締め切り前…

さあ この仕事を どう仕上げて いこうかな…
仕事A
間に合わなかったら どうしよう…ああ もう逃げ出したい！
仕事A

仕事の"内容そのもの"に変化はないのに、仕事の"状況"に過剰に反応するから、プレッシャーが大きくなる。どんな状況でも、目の前の仕事に意識をしぼりこめば、プレッシャーに強くなるはずだ

現在という瞬間を楽しむ。最高のプレッシャーがかかった現在が最高のとき。こう考えられることが一流選手の証《あかし》である。

平凡な選手は厳しい状況を恐怖ととらえ、優《すぐ》れた選手は厳しい状況をチャレンジととらえることができる。間違いなくイチローは後者である。

たとえば、その好例は九四年のシーズンも終盤《しゅうばん》に入った九月二〇日のグリーンスタジアム神戸における対ロッテ戦であろう。この前日にイチローはシーズン一九七本のヒットを打っており、前人未到《ぜんじんみとう》の二〇〇本安打の期待がかかっていた。並の選手ならとてつもないプレッシャーがかかる場面である。第一、第二打席ともセンター前ヒットして、迎えた第三打席。その瞬間はあっけなく訪れる。

三球目をフルスイングしたイチローのバットからボールは右翼《うよく》線に飛んでいく。二塁打である。

けっきょく、イチローはこのシーズンを打率三割八分五厘、二一〇安打で締《し》めくくる。

シーズン終了後のインタビューで、彼はこう語っている。

「みなさんは打率うんぬんおっしゃいますが、ボクは数字よりもヒットをたくさん打つという自分なりの目標を持っています。打率四割はあくまでもその延長線上にあるものだと思っています。安打は狙って打てますが、打率を狙っても実現できる保証はありません。これからも全打席でバットを確実に振り切ることをモットーに、がんばるつもりです」

飛んでくるボールを打つことだけに意識を集中してさえいれば、イチローにとって二〇〇本安打は通過点にすぎない。三打席連続安打でいとも簡単に二〇〇安打を達成させた彼の偉大さがここにある。

プレッシャーは、ある状況に対する本人のとらえ方によって、その大きさが変化する。プレッシャーは外部からの物理的な力でもなければ、状況そのものでもない。

たとえば、九回裏の逆転サヨナラのチャンスに訪れた打席と、一回表の第一打席とのプレッシャーの大きさを比較してみよう。プレッシャーの大きさを変化させるのは、その本人の心のあり方にある。

九回裏の打席で強烈なプレッシャーがかかるのは、「ここで打たなければ……」と考えてしまうからである。ボールを打つことに関しては、第一打席となんら変わりがない。

置かれているゲームの状況に過剰《かじょう》に反応するからプレッシャーが大きくなる。置かれている状況を無視して一〇〇パーセントボールを打つことに意識を集めることができたら、どんな場合でも平常心でバッターボックスに入れる。

イチローが到達したプレッシャーの克服法

あなたがプレッシャーを感じるのは、相手に負けられない場面？失敗が許されない場面？相手や状況より、最高の自分をだすことに集中すべきです。

結果が思うように出なかったとき、イチローは自らがプレッシャーを抱《かか》え込んでいることに気づく。

その正体を確かめるために、彼は自問自答する。そして、彼なりに結論を出す。

「なぜ、プレッシャーになるのかと考えた時、これまで自分は他人のつくった記録を追いかけてばかりいたことに気づきました。そして、自分のバッティングをして、それで結果が出なくても別にいいじゃないかと思えるところまで到達したのです。(中略)ベストを尽くすだけでいいと思ったとき、道が開けたような気がします」(『イチロー「勝利の方程式」』)

結果を意識することがプレッシャーを生み出していることにイチローは気づいた。そしてどんな結果になってもいい、と開き直った時点でプレッシャーと訣別《けつべつ》できる自分を発見したのである。

「自分と他人を比較しているうちは一流にはなれない」

これが、多くの一流のプロスポーツ選手といっしょに仕事をしてきた私の持論である。自分の最高の姿を追い求めていく。それしかない。

これに関して、アメリカの心理学者J・S・ブルーナーが一つの実験をしている。

ある小学校で立ち幅跳《はばと》びの記録に挑戦をさせたとき、「他人に勝つ」という目標を掲《かか》げた選手と、「自分の記録を打ち破る」という目標を立てた選手の記録を比較した。

その結果、自分の記録を目標にした選手のほうが、明らかによい成績をあげた。

心理的な動機づけとして、**他人に打ち勝つよりも、自分の能力向上を目標にするほうが、達成感や成就《じょうじゅ》感がより実感できたわけである。**

日本のプロ野球と米大リーグで活躍した佐々木主浩《かずひろ》投手も、「調子がよいときには、打者が視野に入らない」と語っている。

捕手のグラブだけが見えて、そこに投げることだけに集中できるのだという。投げることだけに意識を集中させれば、自然に打者の存在が消えてしまうわけである。

だから、自信を持って投げた球をホームランされても、全然悔しくないという。「自分の最高の球を打ったのだから、あのバッターは素晴《すば》らしい」と、打った相手をホメることができるのである。

九九年二月にマリナーズのスプリングキャンプに参加したとき、イチローは憧《あこが》れのマイケル・ジョーダンと再会する。そのとき、イチローはジョーダンから「プレッシャーをエネルギーに変えれば、プレッシャーは自分の味方になってくれる」ことを教えられる。

相手を封じ込めようとするとプレッシャーは敵になり、自分の最高のものを発揮することだけに意識を集中すれば、プレッシャーは自分の味方に

他人と競わず“自分”と競ってみる

過剰なライバル意識を燃やし、“自分は上なんだ”と相手を見下す…
相手が優勢に立つとコンプレックスで心が不安定に…
プレッシャー

他人と競い、他人より“上”に立つことばかり考えるのは、無益だし、キリがない。
一時の優越感にひたったり、劣等感にさいなまれたり…と、
一喜一憂のくり返しで、妙なプレッシャーばかりがふくれ上がり、
自分自身の本当の成長にはつながらない

今の自分を超えてみせるぞ！

真のライバルは、あなた自身。
他人との競争は自分を高めてくれるが、自分と向き合い、妥協を許さずに自分の能力を育て上げなければ、真の成長はない。
まずは、目の前の仕事に一心に取り組んでみる。そうすれば、プレッシャーから開放され、仕事の結果は必ずついてくるはずだ

なる。このことをイチローはしっかりと憧れのジョーダンから学んだ。

ともすれば、私たちは他人と競うことに意欲を燃やす。他人を打ちのめすことによって成功を引き入れようとする。しかし、他人に打ち勝ったとしても、そこにはただ不完全な自分が横たわっているだけである。

翌日は他人に完膚《かんぷ》なきまでに打ちのめされて挫《ざ》折《せつ》してしまう自分に気づく。打ちのめしたり、打ちのめされたり。他人と競っている限り、そのくり返しである。これではいつまでたっても人間は成長しない。

ほんとうのライバルは自分自身である。自分自身の最高のものを相手にぶつける。それだけを考えて全力を尽くせばよい。それによって相手に打ち勝つか、打ち負けるか、それはそれほど大切なことではない。

ただあるのは、「最高の自分探し」だけである。

「痛みなくして得るものなし」というウソ

誰にでもある、体やココロの不調。それを強く感じたとき、あなたはどうしていますか？苦痛や不快感は「やめろ」のシグナルと心得ましょう。

良い成績を残せば残すほどイチローは注目される。必然的に、ファンはさらに上の成績を求めるようになる。

ふつうの選手ならプレッシャーで押しつぶされるような状況である。

九七年六月二二日、イチローはある日本記録に並ぶチャンスを迎えていた。それは、二〇八打席連続無三振記録である。

この日の第二打席目、カウント2《ツー》—1《ワン》に追い込まれるが、投手の投げたシンカーをバットに合わせてショートゴロで切り抜ける。

続く第三打席も2—2に追い込まれる。球場に緊張が走る。

しかし、その後四球続けてファウルで逃げる。札幌円山球場に詰めかけた満員のファンは一球ごとに歓声《かんせい》をあげ、イチローがファウルするたびに安堵《あんど》のため息をつく。けっきょく、西武の潮崎《しおざき》が投げた内角のストレートをセンターフライして記録に並んだ。

試合後、イチローはちょっと笑顔を見せながら、インタビューでこうおどけて見せた。

「三打席目は意識しました。お客さんの盛り上がりが、ボクを集中させてくれました。次のゲームは第一打席2アウトでも初球からバントでもしたらセコイって笑われるかな。そして塁上で新記録だってガッツポーズしたらきっと受けるでしょうね」

次の試合の第一打席はセカンドゴロに終わったが簡単に新記録を樹立。前の試合後、プレッシャーを冗談《じょうだん》で吹き飛ばしたイチローにとっては、難しくない記録達成だった。

大人になって失うもの。

それは無邪気《むじゃき》さである。大人になると、未来の不安や過去の悔恨《かいこん》だけが頭の中を駆《か》けめぐるようになる。だから、真面目《まじめ》になりすぎて、天真爛漫《てんしんらんまん》さが心の中からどんどん消えていく。

あるいは、専門的な知識を身につければ身につけるほど、「よい仕事をしなければ……」とか、「なんとしても目標を達成しなければ……」と考えてしまい、知らないうちに肩に力が入ってしまう。

ときには子どもの心に戻ってみよう。仕事の壁にぶつかったり、人生の目的を失ったとき、小さいときの天真爛漫さを思い浮かべてみよう。きっと元気になれるはずだ。

イチローの凄《すご》いところは、常に自分が没頭《ぼっとう》モードになるように、細かい工夫を積み重ねてきたことだ。年に二日しか休まずにバッティングセンターに通い続けて練習の鬼になれたのも、宣之さんとの共同作業で楽しく練習する工夫をしたからだ。

日本には、まだまだ「ノーペイン・ノーゲイン（痛みなければ得るものなし）」という考え方が健在である。

しかし、明らかにこれは間違っている。

痛みを感じたら、勇気を出して休んでみる。たとえば、高速道路で車を運転しているときに車の調子がおかしくなったら、あなたはどうするだろう。気持ちが動転してそのまま走り続けると、事態はいっそう深刻なものになる。

プレッシャーやスランプに苦しむ人、苦しまない人

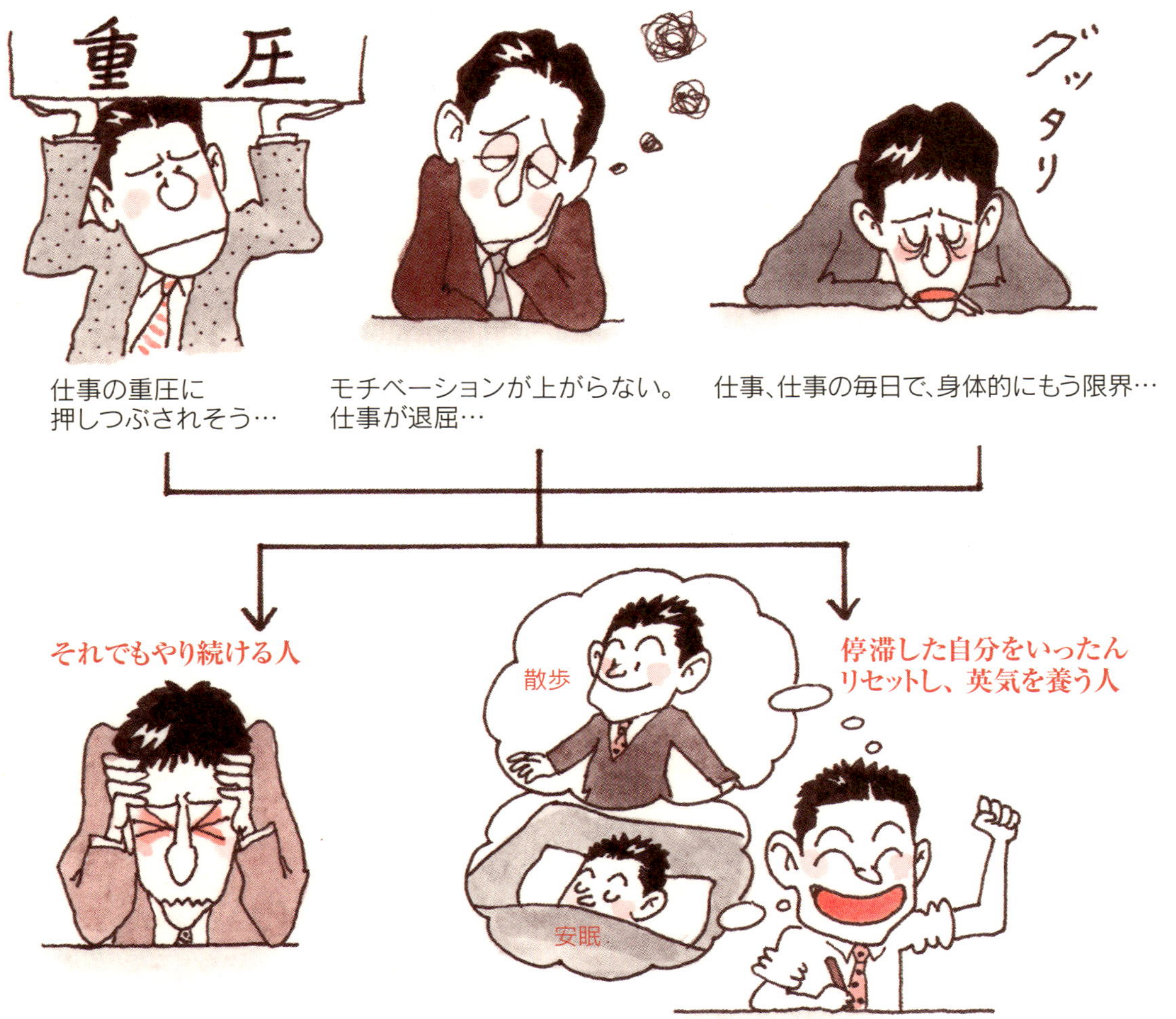
重圧
グッタリ
仕事の重圧に
押しつぶされそう…
モチベーションが上がらない。
仕事が退屈…
仕事、仕事の毎日で、身体的にもう限界…
それでもやり続ける人
停滞した自分をいったん
リセットし、英気を養う人
散歩
安眠

能率は最悪で、
もちろん結果も出ない。
悪くすれば、
ココロもカラダも“破滅”
してしまうかも…

チャレンジ精神ややる気が全身にみなぎり、
新たな気持ちで仕事に臨める。
仕事に勢いが出て、難しい課題も
スイスイこなしていける

そんなときには、すぐに路《ろ》肩《かた》に車を停《と》めてみる。冷静になって、次に打つ手を考えればよい。

痛みや不快感を感じたとき、それが肉体的であれ、精神的であれ、「やめろ」のシグナルであることを私たちは自覚すべきである。

苦しみながらやったところで得られるものはあまりない。痛みを感じながらの作業は、たいていの場合、やらされているという心理状態にある。だから能率も上がらないし、効果も期待できない。楽しみながら仕事をしているときには、気持ちの中にチャレンジ精神ややる気が充満している。それは、あくまでも自動的であり、努力しているという感覚すらない。

このように、仕事が楽しくないのはその内容が原因ではない。仕事に取り組む本人の心の持ちように問題がある。

楽しく仕事や家事をする工夫こそ、人生を成功させる大きなエネルギーになる。

「いつも不安な人」には何が足りないのか

実力はあるのに、いつも不安を抱えている人がいます。一流との差は、ちょっとしたこと。「絶対に成功する」という欲望と決意が不足しているのです。

「成功への欲望」で心をいっぱいにする

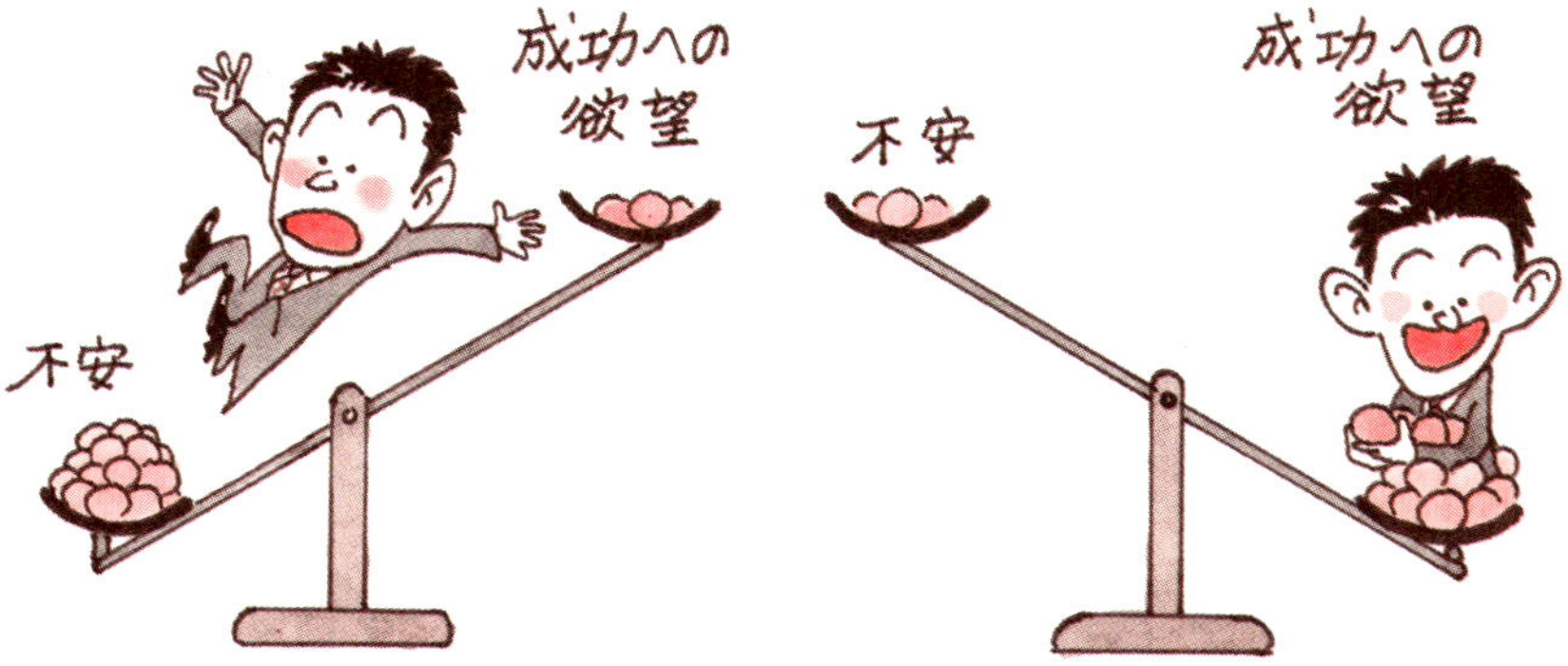

不安で仕方がないのは「成功への欲望」が足りない証拠。
「成功への欲望」で心を満たせば、不安の量も驚くほど減っていくはずだ

イチローは失敗に対する不安を取り除く天才である。私は多くのスポーツ選手のメンタルテストを実施しているが、大半の選手が「失敗への不安を抱いて実際のプレーに臨《のぞ》む」と答えている。

失敗していないのに、「失敗しそうだ」と勝手に考えてしまう取り越し苦労である。「ここで結果を出さなかったらどうしよう」という不安が心の中に充満している状態では、体がガチガチになって本来の実力も結果も出せるわけがない。イチローには、そんな気持ちは微塵《みじん》もない。

プレッシャーに関して、イチローはこう語っている。

「どんなに気持ちが揺れていても、いつも通りの作業をすることで、自然にバッティングの気持ちに切り替えることができるんです。僕にとっては、いつも通りにすることが、プレッシャーに対処するための唯一の方法ですね」

いつも心の中に不安を抱いている人は「不安に敏感な人」ではない。不安と対極にある「成功への欲望が欠如《けつじょ》した人」である。何も考えないでいると、自然にわき上がってくるのは不安のほうである。しかも、**不安から逃げようとすると、ますますそれは追いかけてくる。解決するには、意識的に「成功への欲望」を心に満たす。これしかない。**これが不安をいとも簡単に退散させてくれる。

セリグマン博士は、八五年にメジャーリーグの選手たちの発言を分析し、そこからその選手が楽観的か、悲観的かを見極めた。

その結果、以下のような驚くべき結果が判明した。

「楽観的な選手はプレッシャーのかかる場面で高い打率をあげ、悲観的な選手は通常の場面では楽観的な選手に劣《おと》らない成績をあげたのに、プレッシャーのかかる場面では惨《さん》憺《たん》たる結果に終わっている」

という事実である。彼は翌年も同じ分析を行なった。結果はまったく同じだった。

プレッシャーのかかった場面では、明らかに悲観的な選手よりも楽観的な選手がよく打つことが判明したのである。

このデータにより、彼はいくつかの結論を出した。

●プレッシャーのかかる重要な場面では、悲観的な選手を楽観的な選手に交代させるのが監督の重要な役目である。

●ドラフトによって新人選手を採用するときには、もしも力量が同じなら楽観的な選手を選ぶべきだ。

●悲観的な考えを持った選手は、トレーニングにより楽観主義に変えることができる。

不安を遠ざけようとしないで、意識的に成功の姿を描く。この習慣が、あなたにイチローのような楽観主義者の仲間入りを可能にさせてくれる。

第6章

イメージを曖昧《あいまい》にしないイチローに学ぶ

夢や目標に到達できる人の習慣術

「多忙な毎日に追われ、その日を乗りきるので精一杯」という人を多く見かけます。でも、夢を見失い、創造の努力をやめたら、目標に近づけないのは当然のこと。目前の仕事に没頭《ぼっとう》しつつも、視線はその先におく。凡打の瞬間に打撃の奥義《おうぎ》を悟《さと》った、イチローの敏感力とは…。

大きな目標なしに大きな成功はありえない

高校3年のイチローは打率10割を目指した。結果は7割2分の驚異的な成績。想像力の限界が、その人間の限界になる。だから夢は大きく描きたい。

日本のプロ野球で七年連続首位打者に輝《かがや》いたイチローの通算打率は、三割五分《ぶ》三厘《りん》である。おそらく、この記録はこれからも破られることはないだろう。しかも、この記録には一軍と二軍を行ったり来たりの最初の二年間の記録も含まれている。

イチローの最初の年の打率が二割五分三厘。次の年が一割八分八厘である。最初の二年間を除いた首位打者になった七年間の通算打率は、三割五分九厘となる。

同じ打率でも、二割八分から三割に上げることと、三割八分を四割に引き上げることとは雲泥《うんでい》の差がある。それは平地で二キロ歩くのと、エベレストの山頂で二キロ歩くのを比べるようなものである。

イチローのバッティング技術が他の選手と一線を画するように、彼の思考パターンも他の選手とは、明らかに異なっている。

高校時代を振り返って、イチローはインタビューで、高校三年の最後の夏は、徹底的にプロのスカウトを意識していたと答えている。だから県予選からが重要だと考えていたという。甲子園に行くことより、三年の夏の大会の予選でスカウトに認めてもらうことが彼の目標だった。そのためにイチローは県予選の準決勝まで、打率一〇割を目指したのである。

なんという大きな目標だろう。事実、高校三年の夏の予選での準決勝までの七試合で、二五打数一八安打。打率七割二分という驚くべき記録を残している。

想像力は、人間にしか与えられていない能力である。言い換えれば、**想像力の限界が、その人間の限界である。夢の限界以上のことを人間が実現することは不可能である。逆に、自分がイメージできることは実現できる。**

イチローが打率一〇割を目指したから、打率七割二分を達成できたといえる。

想像力と嘘《うそ》は紙一重《かみひとえ》である。唯一《ゆいいつ》の違いは、想像力はなんらかの確信があって生まれるものであり、嘘はまったく根拠のないものである。

想像をかきたてるのが苦手な人は、とにかく嘘をつくことから始めてみればよい。相手に迷惑をかける嘘はいけないが、「ボクにはこういう夢がある」とか、「オレはこんなことをやってみたい」という嘘はどんどんついてよい。

とてつもない大きな目標は、本人が真面目《まじめ》でも、周りの人からみれば嘘になる。イチローの描いた打率一〇割もまったくその部類に入る。しかし、イチロー本人にとってみれば、投手の投げるストライクは全部ヒットにできるという自信があるわけだから、嘘をついているつもりは毛頭《もうとう》ない。

実現する確率が半分以上なら、それは大きな目標とはいえない。どうせなら、確率二〇パーセントくらいの夢に向かって努力するくらいの心意気が必要である。たとえ周りの人から大ボラ吹きだと思われてもかまわない。

イチローのようにでっかい夢を描いて、それに向かって邁進《まいしん》することこそ、じつは成功への近道である。

「想像力」を無限に広げてみよう

想像力の限界が、その人の限界になる。「どうせ無理だ」「自分にはこれくらいが精いっぱい」…といった思考では、自分で自分の“成長の壁”をつくっているようなもの。今のレベルをグルグル回ることしかできず、飛躍できない

限界の先
想像力の限界

想像力が乏しいと、限界を超えられない…

目標を実現できる確率

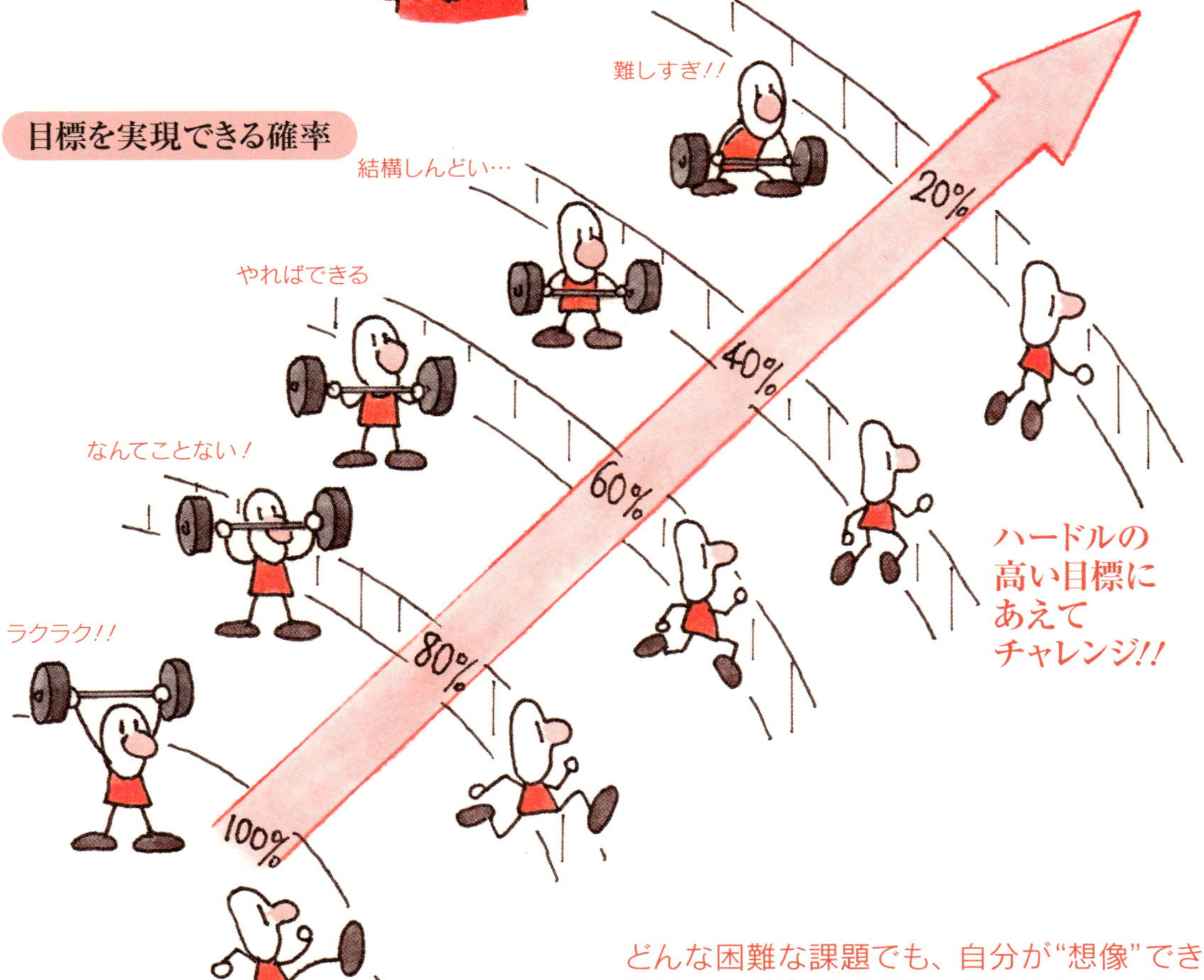
難しすぎ!!
結構しんどい…
やればできる
なんてことない!
ラクラク!!
20%
40%
60%
80%
100%
ハードルの高い目標にあえてチャレンジ!!

どんな困難な課題でも、自分が“想像”できる限り、必ず実現できる。どうせなら、実現の見込みの薄い“どでかい目標”を設定し、それに向かって一心に努力してみよう。それだけで、一歩ずつ確実に成長していけるはずだ

10年後の自分をイメージしておく

あなたは何年か先の自分を具体的にイメージできますか？今の仕事の完遂した状況を想像していますか？目先しか見ていないと足元がふらつきます。

イチローがプロ野球選手として自分の夢を果たした日は、一軍デビューした九二年七月一一日になるだろう。

そのとき、イチローは一八歳八か月になっていた。

宣之《のぶゆき》さんによると、イチローが本格的にプロ野球選手になることを決めたのは、小学四年になったときだという。そのときイチローは、すでに一〇年後の自分の姿をイメージに刻《きざ》み込んでいた。

少年時代のイチローがどんな苦しい練習にも耐《た》えられたのは、「ボクは絶対プロ野球選手になる！」という強い信念があったからだ。

これが他の子どもたちと決定的に違っていた。

それでは、あなたの場合はどうだろう。

人生は寄り道をするほど長くない。「一〇年後の自分」の姿を、あなたはすぐに答えられるだろうか？

一〇年先に果たしたい大きな夢がある人は、目先の失敗に落胆《らくたん》することがない。なぜなら、うまくいったときはもちろん、うまくいかなかったときでも、遠くにある目標に一歩近づいたと実感できるからだ。

目標もなく、毎日あくせく働いているだけでは、進むべき道がなかなか定まらない。結果に一喜一憂《いっきいちゆう》するばかりで一日が終わってしまい、人生を進歩させることはできない。

夜中の航海では、羅針盤《らしんばん》のない小さな漁船は灯《とう》台《だい》だけが頼りである。少々の嵐《あらし》に遭遇《そうぐう》しても、灯台を目指して船を進めていけばかならず港に行き着くことを、経験ある漁師はみんな知っている。

それと同じように、一〇年後の自分の姿をしっかりイメージできる人間は、目先の少々のピンチに遭遇してもへこたれない。

いっぽう、自分の目標を持たない人間は、ちょっとした環境の変化でパニックになってしまう。灯台を見失って嵐の中をさまよう漁船のように、**自分が今、どこにいるのかわからないから不安になる。**

遠くの目標に向かって進んでいる人間には、心の余裕がある。遠くを見渡せるから目の前にピンチが現れても、それをスルリとうまくかわすことができる。一〇年先の灯台を目指している限り、どんな嵐も怖《こわ》くなくなる。

初心者のドライバーは車を運転しているとき、目の前しか見ていない。だから、横をオートバイが走っていても気づかず、思いがけない事故を引き起こしてしまう。熟練《じゅくれん》したプロドライバーは、全方向に意識を張りめぐらしているだけでなく、ずっと先にある信号までしっかり見ているから事故を起こすことがない。

一〇年先のでっかい夢を今すぐ設定しよう。そうすれば、あなたの周りでどんどんよいことが起こり出す。

“10年後”をイメージできる人、できない人

10年後には…

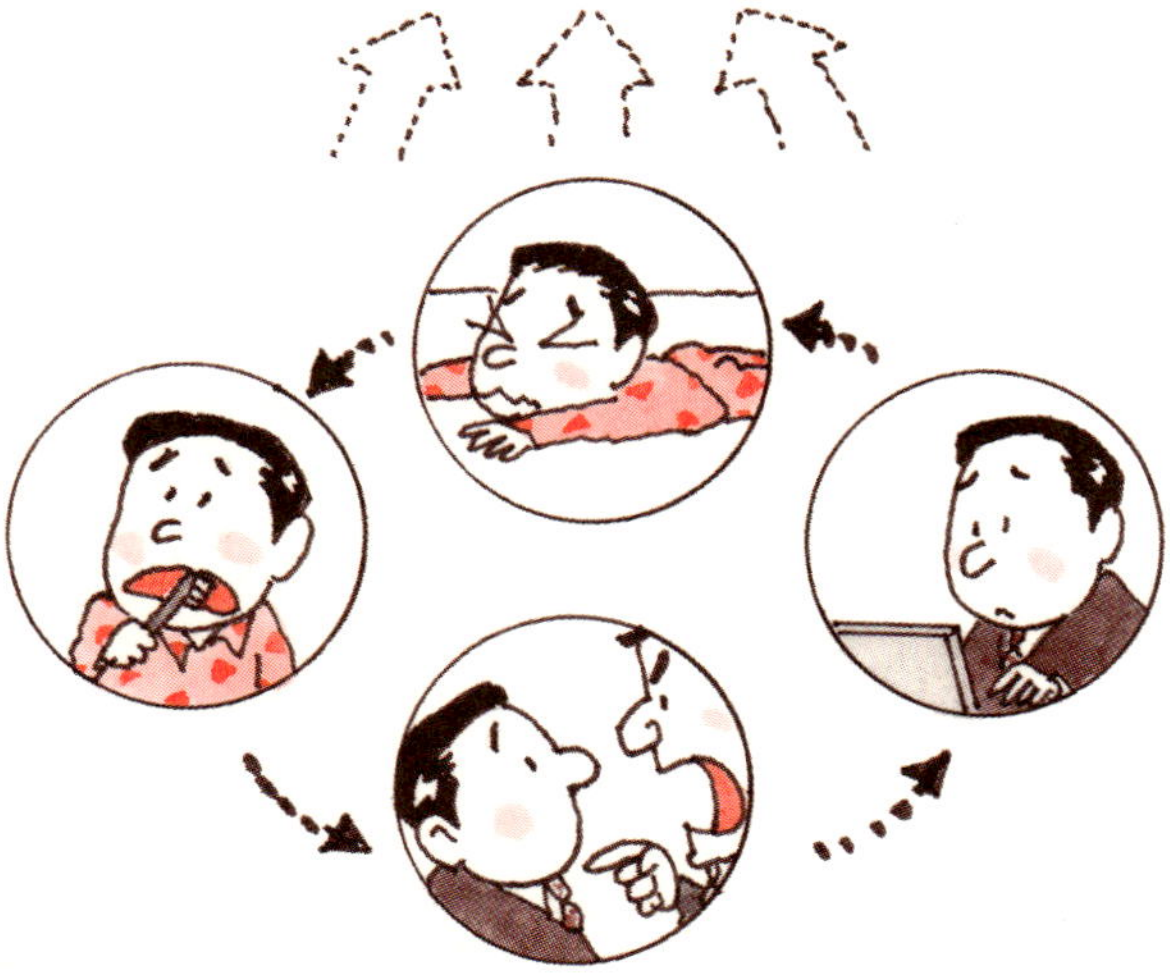

それなりにマジメに働いてはいるが、先を見据えていないので、日々の頑張りが目に見えた成長へとつながらない。また、打たれ弱く、失敗を成長への糧にできないので、ストレスがたまる日々…

明確な目標がないので、進むべき道が定まらず…

仕事の結果に一喜一憂するばかり

〈10年後の自分をイメージできない人〉

10年後の自分

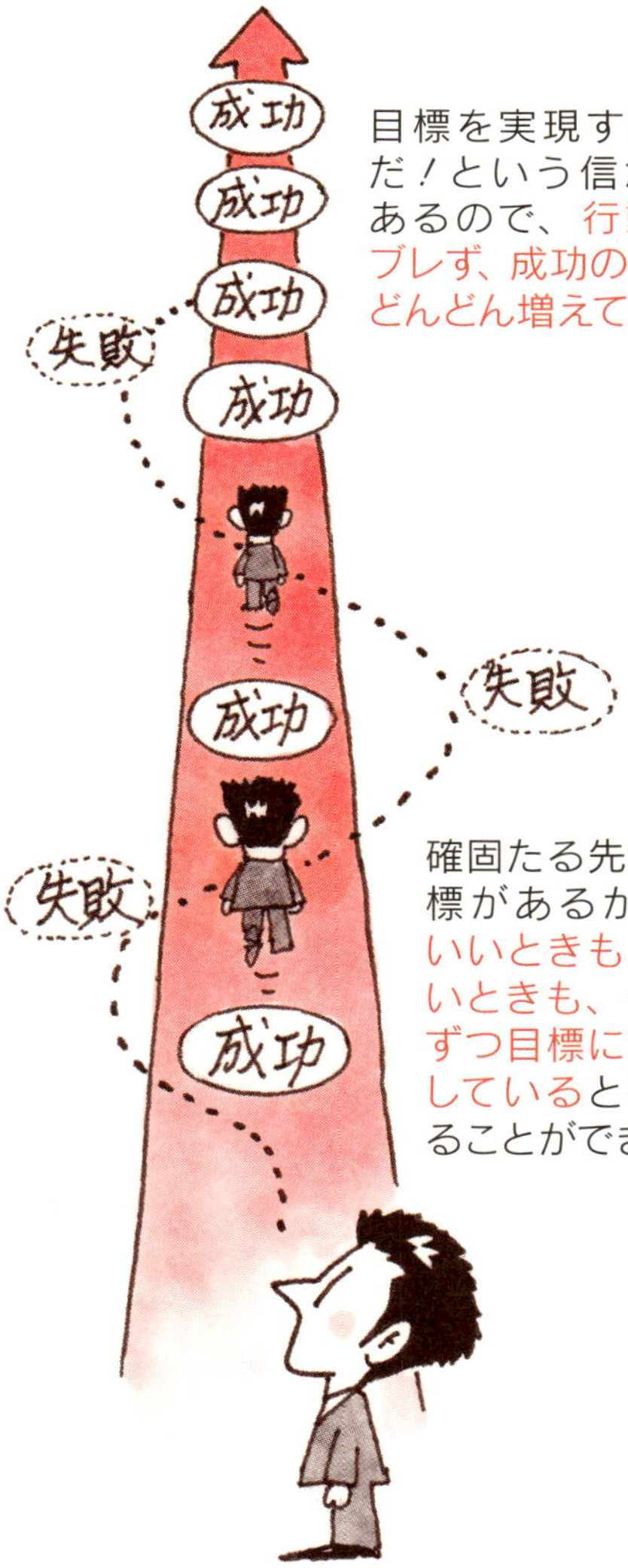

目標を実現するんだ！という信念があるので、行動がブレず、成功の数はどんどん増えていく

確固たる先の目標があるから、いいときも、悪いときも、一歩ずつ目標に前進していると考えることができる

〈10年後の自分をイメージできる人〉

過去のデータは本当に重視すべきなのか

人間にはすばらしい「独創力」がある。でも、それは思い込みや余計な知識によって阻まれます。情報に振り回されず、自分の感性を大事にしたい。

知識氾濫《はんらん》の時代である。便利な時代になったもので、多くの人たちがインターネットによって新しい情報を収集したり、eメールでコミュニケーションすることに精を出す。それで一つ賢くなったような錯覚《さっかく》を起こす。

しかし、いっぽうで洪水《こうずい》のように押し寄せる不必要な情報に振り回されて、目の前の仕事にノイズを与えてしまっている。

情報を無視して知らないでおくことも一つの能力である。

イチローは、自分の記事が掲載されているスポーツ新聞や雑誌を徹底して読まない。シーズンオフならともかく、シーズン中は目の届くところにあるのも嫌《いや》だという。

ネガティブな意見があれば、「気にはしていない」と言いながらも、決してプラスに働かないことを知っている。

自分がスランプにおちいったとき、その原因のほとんどはスイングのまずさや、体調不良ではなく、精神的な重圧にあったとイチローは語っている。

周囲で「今年のイチローはまずいよ」と言っているのが自分の耳に入ると、研《と》ぎ澄《す》ました感覚が錆《さび》ついたようになり、ボールがど真ん中に入ってきてもボールをバットでとらえることができなかったという。

「無我《むが》の境地」になるためには、マイナスの知識だけでなく、プラスになる情報も遮断《しゃだん》してしまう勇気を持たなければならない。

仕事をするときにも過去のデータに縛《しば》られると、とんだしっぺ返しを食らうことになる。大きな壁にぶつかったとき、いったん情報を遮断して仕事の戦略を立て直すと、ブレークスルー（打開・突破）が見えてくる。

脳はすでに仕事に関するノウハウを十分記憶している。新たな情報を取り込むことによって「思い込み」に縛られすぎて「独創力《どくそう》」が鈍《にぶ》ってしまう。けっきょく、斬新《ざんしん》な戦略を策定することができなくなる。

もっと極端なのは、**独創的なアイデアを生み出すとき。知識は独創力を阻《はば》む敵である。知識を詰《つ》め込みすぎて、その延長線でしか考えられない脳になってしまい、斬新なアイデアはまったく生み出せない。**

バッターボックスへ入るときに、イチローは相手ピッチャーの過去のデータをまったく無視するという。バットスイングが独創的なものである以上、ピッチャーの過去のデータはむしろ邪魔《じゃま》になる。データを完璧《かんぺき》に頭から排除して、感性だけを頼りに打ちにいく。

メジャーリーグのピッチャーはフォームが個性的なだけでない。予想もできないような球を好き勝手に投げてくる。なかには、横向いたまま投げてくる変則投手もいる。

予測できないボールが飛んでくれば、過去のデータなんか何の助けにもならない。「読み」とか「予測」といった、本来野球には必要である能力を排除して、「真っ白な感覚」で打ちにいく。

このやり方は、私たちのビジネスでもけっこう使えるテクニックである。

知識を排除すると、かえってアイデアが生まれてくる

他人の目
過去の失敗
世の常識
慣例
メディアの情報
成功体験
??
斬進なアイデアが生まれない

過去のデータや常識といった“情報”にとらわれすぎると、独創力が鈍り、当たり前のことしか考えつかなくなる。知識は、詰めこみすぎると、かえって活発な思考と行動をはばむマイナス因子になってしまうのだ

脳がイキイキ！
アイデアが次々と！！
成功体験
慣例
過去の失敗
脳の活発な働きをはばむ
“余計な情報”とは
サヨナラ…

マイナス情報だけでなく、プラスの知識さえ勇気をもって振り払い、“真っ白の感覚”で仕事に臨む習慣をつけてみよう。今まで気づかなかった“仕事の切り口”がいくつも見えてきて、オリジナリティあふれる成果を次々に生み出すことができ、毎日が“新鮮”に感じられるようになるはずだ

たくさんの情報を瞬時に処理する脳のつくり方

多忙な毎日を送るビジネスマン。現代の情報の多さが、それに拍車をかけます。そこで、この簡単トレーニング。仕事の効率が驚くほど高まります。

情報処理能力を高めるトレーニング

毎日3分の訓練で〝脳力〟が驚くほどUP！ 資料や本を読むのが速くなり、仕事力倍増!!

通勤電車の吊り広告を1～2秒見て目を閉じ、そこに何が書かれていたのかを残像を頼りに答える

答えが出たら、再度その吊り広告を見て解答をチェック

イチローの驚異的な瞬間視力は、空港バッティングセンターで鍛《きた》えられた。

イチローはボールが投手の指から離れる瞬間に、ボールの速度、コース、回転を読む。そこからボールの軌道《きどう》を予測して、仮想のインパクトポイントを探《さぐ》り当てる。

投手の指からボールが離れた瞬間、イチローはバットを振るか否《いな》かを決断することができる。それはボールをじっくり見てから決断する他の選手との決定的な違いである。

インタビューでイチローはこう語っている。

「ボールというのは、バットに当たったときに捉《とら》えるのではなく、投手の手から離れた瞬間に捉えるものなんです」

実際にボールを打つ前にイメージの中で、すでにイチローは打っている。

イチローの瞬間視力の凄さは測定によって判明している。簡単に瞬間視力の測定方法を説明しよう。コンピュータの画面に八ケタの数字が〇・一秒だけ表示される。これを瞬時に読みとるわけである。

数字の大きさは縦《たて》一・二センチ、横一センチ。八ケタの数字が表示されてから消えるまで眼球を動かしているひまはない。カメラでバシャと写真を撮影するように、八ケタの数字を網膜《もうまく》に焼きつけなければならない。一〇回の測定で、その平均値を出した。

テストの結果、イチローは最高の成績をあげた。他の選手の読みとった数字の数の平均が五・〇ケタ。イチローの平均は六・七ケタ。

しかも大半の選手が左から右へと読んだのに、イチローは右から左に読んだ。横書きの場合、日本語は通常左から右に読むため、たいていの日本人は無意識に左から右に読む。左バッターの場合、投手が投げたボールは右から左に通過していく。少年時代のバッティングの訓練で、イチローは右から左に通過していくボールの動きを瞬時に読みとる優《すぐ》れた能力を身につけた。

この能力は、私たちが情報処理能力を高めるために必要となる。たとえば上のイラストのような方法も効果的だ。

脳は視覚を通して瞬時に驚くほど多くの情報を正確に読みとる能力を持っている。ただ私たちがイチローのように訓練していないだけである。

毎日三分でいいから、上のイラストのような訓練を日課にすれば、簡単にあなたの眠っている瞬間視力を目覚めさせることができる。

この訓練は、情報処理能力が高まるだけでなく、右脳の格好のトレーニングになる。その結果、資料に目を通したり、本を読むのが驚くほど速くなり、あなたの仕事の効率は驚くほど高まる。

成功への転機を多くの人が見逃している

イチローは凡打の瞬間に、打撃の奥義を体得した。常に目的意識と感覚を研ぎ澄ませていれば「何かが見える」瞬間がある。あなたは気づくだろうか。

あなたにもある「成功への転機」を見逃さない

◉上司のアドバイスに“何か”を発見する

◉酒場でのふとした会話に“人生の真実”を知る

◉リラックスしている時、心のモヤモヤがふっと晴れる

毎日の生活の中で追い求めていた何かの見方がかすかに変わったとき、それは人生の大きな転機なのかもしれない。その瞬間を逃さぬよう、日ごろから感覚を研ぎ澄ませておこう

イチローの野球人生を探っていくと、突然の飛躍が何度か訪れていることがわかる。その中でも、もっとも大きな転機をイチローははっきりと覚えている。

「九九年四月十一日、日曜日、ナゴヤドームでの西武戦です。三連戦の最終ゲーム。その9回、トップバッターだった僕は、リリーフ登板した西崎さんにボテボテのセカンドゴロに打ち取られたんです。特に左バッターから見て、二塁手から右側のセカンドゴロは最悪なんですね。二塁手よりセンター寄りのセカンドゴロはまだマシなんですけど。それで、僕は最悪のセカンドゴロだったんですが、次の瞬間、嘘のように目の前が晴れていったんですよ。『ああッ、これなんだ！』と思いました。これまで、探し求めていたタイミングと体の動きを一瞬で見つけることが出来た。それをあやふやなイメージではなく、頭と体で完全に理解することができたんです」（『イチロー・インタビュー』）

九回まで四打席のうち三打席凡退に終わって、その反省としてなんとかボールをとらえたにもかかわらず、セカンドゴロに終わってしまった。自分の頭に描いたフォームとセカンドゴロに終わったイメージとをファーストベースに走り込むまでの短い時間にイチローは方程式を解くように、しきりに頭をひねっていた。

一塁ベースを走り抜けた瞬間、それがわかったという。ベンチに引き上げてくるとき、凡打に終わったにもかかわらず、イチローは笑っていた。

イチローに言わせれば、その瞬間に「ある感覚」が芽生《めば》えた。それは自分以外の人間にわからせることができない、ほんの数ミリの誤差を修正する特別な感覚である。

二割二分三厘まで下がっていたイチローの打率だが、この日を境《さかい》に急カーブを描いて上昇することになる。

その次の試合からその月の終わりまでの試合で、五七打数二四安打、打率四割二分一厘を叩《たた》き出す。その後も安定したバッティングは続き、けっきょく、シーズンを四一一打数一四一安打、打率三割四分三厘で終了する。

九九年のシーズンにイチローは「ようやく自分のバッティングができる」という自信を持つ。そして、それがメジャーでやっていけるという確信に変わっていく。

私たちは努力によって、人生の中で一歩ずつ着実に実績を積み上げているように見えるが、事実はそうではない。すべての人間には、かならず何度かの人生の大きな転機が訪れる。それに気づくか、気づかないかで、その人の人生の成功の度合いが決まってしまう、と私は考えている。

超人的な集中力はこうして生まれる

やる気が続かない。いざ、というときに気力がでない。単調な仕事でミスがでる…。こんなことはないだろうか？この「没頭モード」を会得してほしい。

愛工大名電高校時代に、イチローはメンタル面のチェックを受けたことがある。そのとき、イチローは「困難の克服《こくふく》」「勝利志向性」「精神的強靱《きょうじん》さ」「闘志」の四項目で最高点を記録した。

この結果から、イチローの心理的特性を探ると、以下のようになる。

「困難になればなるほど、それに立ち向かうファイトがわいてくる」

「どんな場合でも勝利のことしか考えない」

「どんな困難な状況でも、精神的に安定している」

「勝つことへの闘志は誰にも負けない」

まさにスポーツ選手として理想的な心理状態である。

脳波測定においても、彼は驚くべき結果を出している。

実験方法は簡単である。まず、椅子《いす》に座った状態で、頭に電極を装着する。その状態でリラックスして、「自分が実際にやった最高のプレー」のシーンを頭の中に描かせて、そのときの脳波を測定してみたのである。

脳波には、ガンマ波、ベータ波、アルファ波、シータ波、デルタ波という五種類があるが、集中しているときに出現するのがアルファ波である。その中でも、もっとも集中しているときに多く出るミッドアルファの量を測定すれば、その人間がどれほど集中しているかが、よくわかる。

この実験では、イチローの脳波は、ミッドアルファが平均して八〇パーセント以上も出たという。これは一〇〇人に一人出るか出ないかの数字であるという。

実際の競技のときと、鮮明にそのシーンを描いたときの脳波は、ほとんど同じような波形を描く。そういう意味では、高校時代すでにイチローは凡人《ぼんじん》とはかけ離れた集中力の域に達していた。

イチローほどではないにしても、興味を持って**何かに没頭《ぼっとう》しているときには、私たちの脳波は自然にアルファ波になっている。いわゆる「没頭モード」という状態である。**

「没頭モード」をひんぱんに体験すれば、誰でもミッドアルファが出せるようになる。後はそれを習慣にしてしまう**こと。「没頭モード」の習慣をつければ、自然に脳細胞に集中のスイッチが入るようになる。**

自分が興味のある仕事や、責任のともなった仕事を任されると、ほとんど誰でも「没頭モード」になる。

しかし、単調な仕事や他の人間が逃げてしまった仕事を与えられると、とたんに「なんでオレはこんな面白くない仕事をしなければならないんだ」とグチを吐《は》いて、まったくやる気がなくなってしまう。それでは過酷《かこく》なビジネスの社会を勝ち残ることはできない。

仕事の内容に反応するのではなく、仕事をやり遂《と》げたと

何かに“没頭”する習慣で、脳力も仕事力もUP!

ふ〜〜
快感!!
仕事
仕事
仕事
仕事

単調な仕事や、人がやりたがらない仕事は、誰しもやる気が起こらない

それでもやり続けているうちに、やりはじめた時点より“集中”している自分に気づく

どんな仕事でも、やり通すと“達成感”が得られる。それは、自分でも気づかないうちに「没頭モード」に入り、脳が“快感”を覚えているから

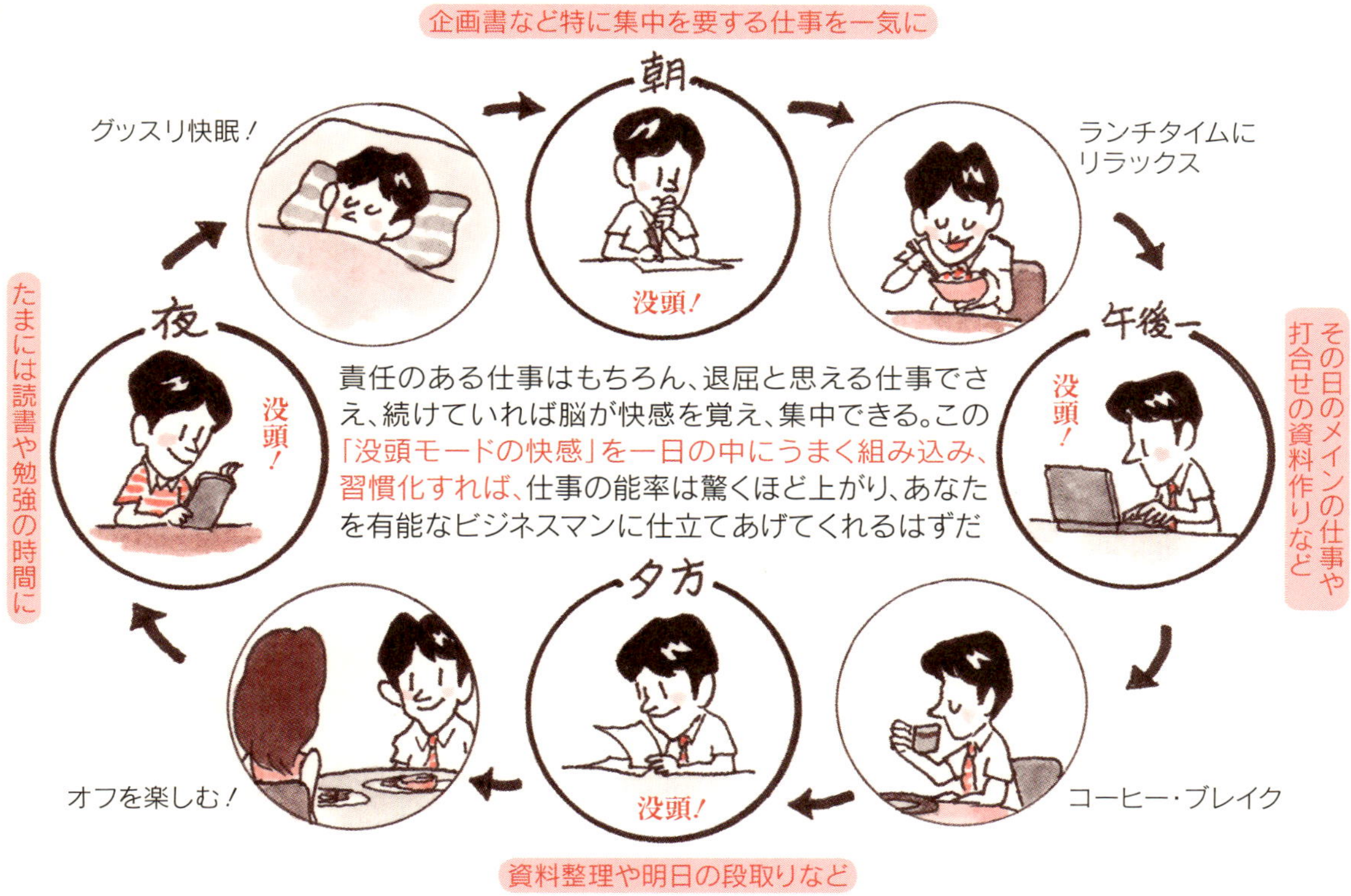
企画書など特に集中を要する仕事を一気に
朝
没頭!
ランチタイムにリラックス
午後
没頭!
その日のメインの仕事や打合せの資料作りなど
コーヒー・ブレイク
夕方
没頭!
資料整理や明日の段取りなど
オフを楽しむ!
夜
没頭!
たまには読書や勉強の時間に
グッスリ快眠!

責任のある仕事はもちろん、退屈と思える仕事でさえ、続けていれば脳が快感を覚え、集中できる。この「没頭モードの快感」を一日の中にうまく組み込み、習慣化すれば、仕事の能率は驚くほど上がり、あなたを有能なビジネスマンに仕立てあげてくれるはずだ

きの〝快感〟を大事にしよう。そうすれば、どんなに面白くない仕事でも「没頭モード」になれる。

マラソンの四二・一九五キロを走り切ることは苦しい。ところが、一度完走を体験した人は、いくら苦しくても歯を食いしばって完走しようとする。マラソンを走ったことのない人にはわからない「完走という快感」が、彼らをそうさせている。

もう少し集中力を持続させれば成功を勝ちとれるのに、多くの人たちがその直前であきらめてしまっている。

スポーツだけでなく、ビジネスの世界においても、競《せ》り合っている人たちの差はほんのわずか。しかし、そのわずかな差が成功と失敗を隔《へだ》てている。「ゴールのテープが見えなくても、すぐ目の前にゴールがある」ことも、この世の中には驚くほど多い。

「没頭モード」を持続させて仕事に打ち込もう。それがあなたを成功に導いてくれる。

「あと、もうひとふんばり」が明暗を分ける

「いくら努力をしても、なかなか報われない」と嘆く人がいます。でも、そんな人は、目の前に迫った成功を、すんでのところで逃しているのかも。

"もうひとふんばり"の努力で、成功をたぐり寄せる

定時になったら、帰社する前にもう一枚レポートを作成

予定していた営業先を全部まわったとき、もう一件得意先に足を延ばしてみる

アイデアが出尽くしたと思っても、気分転換のあと、もう一つアイデアをひねり出してみる

「もうひとふんばりする」ことの大切さを忘れて、とても多くの人が、すぐ目の前に迫っている成功を取り逃がしている。

イチローの恩人に元オリックス・ブルーウェーブのスカウト三輪田勝利さんがいる。イチローをドラフト四位で指名してくれた人である。残念ながら、三輪田さんはドラフト問題のごたごたに巻き込まれて自殺してしまう。

ドラフト指名された翌日、イチローは父親の宣之さんに「バーベルとダンベルを買ってくれないかな」と頼んでいる。

指名してくれた三輪田さんの期待に報《むく》いるため、プロ野球で戦えるようにきっちりと筋肉をつけたいと考えたからである。

イチローは高校のグラウンドで汗を流し、バッティングセンターでボールを打ち、帰ってきて裏庭でバーベルを上げた。

そこでも練習は終わらなかった。いくら暗くなっても、「ちょっと走ってくるから」と言ってランニングを毎日精力的にこなしたという。プロ野球選手として恥じない体に精いっぱい仕上げるための「もうひとふんばり」の精神が、現在のイチローをつくり上げている。

「いくら努力しても、なかなか報われない」とグチをこぼす人たちがいる。

しかし、その人のすぐ目の前に成功が待ち構えているかもしれない。それが本人に見えないだけである。

いかに多くの人たちが、もうひとふんばりすれば成功を勝ちとれたのに、それを怠《おこた》って挫折していっただろう。

あなたはマラソンのテレビ中継を見たことがあるだろう。

たいていの場合、最初の二〇キロまでは数十人の選手がダンゴ状態で先頭集団を形成する。ときには、三〇キロを通過しても、十数人以上がぴったりくっついていることもある。

しかし、三五キロを過ぎた地点から一人、また一人とどんどん脱落していく。

けっきょく、最後のスタジアム勝負になるのはせいぜい二人。たいていの場合は一人旅となる。

マラソンのようにゴールがあらかじめ設定されていても、けっきょく、最後のひとふんばりのスタミナがある者が栄冠を勝ちとるのである。

ゴールの見えないビジネスの現場では、マラソン以上にこれが功《こう》を奏《そう》す。

最後のひとふんばりをあなたのビジネスにも適用してみよう。あらゆる機会を利用して、疲れていても、つらくても、奮起《ふんき》してもうひとふんばりしてみよう。これが成功のキーワードである。

第7章

心と体をコントロールできるイチローに学ぶ

「集中」と「リラックス」の習慣術

いつも同じ動作で打席に向かうことで集中モードに突入し、試合後は一人で黙々《もくもく》と道具を手入れして自分を解放するイチロー。よいパフォーマンスには、よいリラックスが必要。よい弛《ゆる》み方、あなたはできていますか。心身を最高の状態に保つ、イチローのメリハリ力とは…。

リラックスできる人ほど実践で力を発揮できる

大事な場面でアタフタ。思い通りにいかずイライラ…。デキる人はバタつかず、常にもの静かでいることが多いもの。落ち着いて心の準備、できますか。

集中せねば…と思う前に、リラックスを心がける

忙しく仕事をしていても…

大切な仕事の前には心と頭を整理し、リラックス

心も頭もスッキリ！会議に超集中力で臨める

私はスポーツ心理学の専門家として、一流選手のパフォーマンスを研究しているが、その共通点の一つに、**「一流選手はもの静かである」**というのがある。**外見上クールに保つことによって、心の平静を維持できることを**彼らはよく知っている。

例外に漏《も》れず、イチローは常にクールである。たとえ怒りがこみ上げてくる場面でも、少なくとも外見は平静を装う心の余裕がある。

イチローと同じように、ほんとうの一流メジャーリーガーはすべてもの静かである。あらゆる状況で怒りをコントロールできなければ、ハイレベルのパフォーマンスを維持させることはできない。

二〇〇一年に引退したボルチモア・オリオールズのカル・リプケンこそイチローにとってのお手本であるという。そのリプケンは一九年連続一九回目のオールスター戦に出場して見事にMVPに輝き、有終の美を飾った。

リプケンといえば、ルー・ゲーリッグが長い間保持していた二一三〇試合連続出場を抜き、二六三二試合連続出場のメジャー記録を打ち立てた「鉄人」である。二〇〇〇年には史上二四人目の三〇〇〇本安打も達成した。

この静かな鉄人も、昔はそうでなかったという。

「昔はバットやグローブを投げつけたこともある。ある日、そんな自分のシーンがテレビ放映されているのを、ボクは見た。これはファンに見せるものではない、こんな恥ずかしいことはできないことがわかったんだ」

リプケンがもの静かにプレーするようになってから、彼のプレーの中に変化が訪れる。淡々《たんたん》とプレーすることで、プレーに集中できる自分を発見したのである。

サッカーやバスケットボールと違い、野球は野手の実質的なプレー時間がきわめて短いスポーツであるが、投手がボールを投げるたびに反射神経を研《と》ぎ澄《す》ましておかなければならない。

リラックスとアクションは一対《いっつい》のものである。リラックスが「谷」なら、アクションは「頂上」でなければならない。リラックスの谷が深ければ深いほど、アクションの頂上は高くなる。ピッチャーが一試合で一五〇球投げたら、野手はアクションに備えて一五〇回集中の頂上とリラックスの谷間を往復することになる。

メジャーリーガーの中には、専任のスポーツ心理のカウンセラーを雇《やと》ってメンタル面の指導に意欲を燃やす選手も少なくない。最高のパフォーマンスは、名手たちの極《きわ》め尽《つ》くされたリラックスから生まれている。

ギラギラしすぎるといい成果はだせない

欲の薄い人、欲望に満ちた人、欲を抑えられる人…。あなたはどのタイプ？ 欲望でギラギラしている人も魅力的ですが、抑えたオーラにはかないません。

欲を殺して心を澄ます

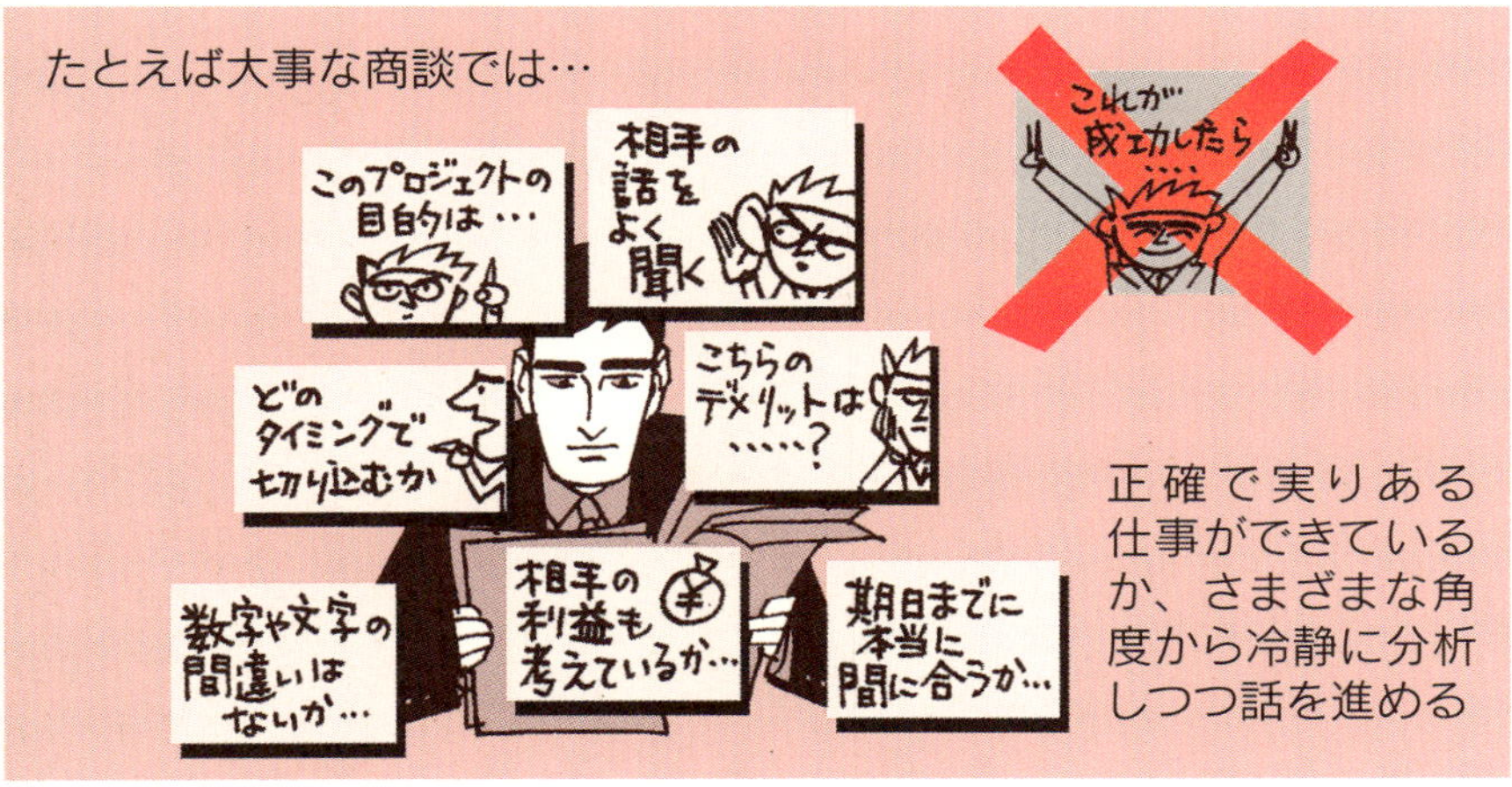
たとえば大事な商談では…
このプロジェクトの目的は…
相手の話をよく聞く
これが成功したら
どのタイミングで切り込むか
こちらのデメリットは……？
数字や文字の間違いはないか…
相手の利益も考えているか…
期日までに本当に間に合うか…
正確で実りある仕事ができているか、さまざまな角度から冷静に分析しつつ話を進める

偉大な打者の共通点がある。それはウエーティングサークルからバッターボックスに歩いていくときから、投手をにらみつけることである。あの偉大な長島茂雄や王貞治もそうだった。

ところが、イチローが投手をにらむことはない。まるで投手を無視するように、淡々とした表情でボックスに入ってくる。スタンスの位置を決めた後、やっと投手を見る。しかも、あくまでもその視線は柔和《にゅうわ》である。

その理由を探《さぐ》っていくと、イチローの心の置き場所が他の選手と違うことがわかる。バッターボックスに立ったとき、多くの偉大な打者がほとばしる威圧《いあつ》感によって、まず投手を圧倒し、自分が優位に立つことに意識を払う。いっぽう、そのときイチローはすでに相手投手の投げるボールを打つ準備に没頭《ぼっとう》している。

打席に入ったときの思考パターンも、一流打者と並の打者では違ってくる。

平均打率二割五分の選手はこう考えている。

「ここでヒットが打てたらいいのになあ」

あくまでも、運頼みである。

シーズンを通して三割の打率を残す巧打者《こうだしゃ》の思考パターンはこうである。

「よし、この打席もヒットを打ってやる」

彼の心の中には、欲望が満ちあふれている。

それではイチローはどうだろう。**彼は欲望さえも消し去って、バッターボックスに立つ。ただボールを最高のタイミングでバットに当てることだけに意識の照準《しょうじゅん》を合わせている。それだけである。**まるで「さあ、最高のボールを投げてこい。ボクはそれを打ち返すだけ」と心の中でつぶやいているように見える。

欲望は、むしろマイナスになるとイチローは語っている。

「僕の場合、ど真ん中に来ると『一発、ホームランでも狙《ねら》おうか』なんていう気持ちも湧《わ》いてしまう。そうすると素直に打てず、力《りき》んでボールの下をこすり、結局はキャッチャーフライになるんです」

（『イチロー・インタビュー』）

欲を殺して、ただバットがボールをとらえることだけに意識を絞《しぼ》り込む。あの派手《はで》なパフォーマンスを売り物にした長島茂雄が戦国の名武将なら、イチローはさしずめ悟《さと》り切った禅僧《ぜんそう》の心を持っている。どんな状況でも、あくまでもクールを貫《つらぬ》きとおすイチロー独自の哲学である。

●普段着の気持ちで淡々と仕事をこなす。

●心を澄ませて最高の集中レベルに自分を持っていく。

そんな心構えが、私たちに最高の仕事をプレゼントしてくれる。

イチローが実証する「ゲン担ぎ」の重要性

ジンクスに頼る、ラッキーアイテムをもつ、ゲンを担ぐ…。これは実力不足を補う行為ではなく、気持ちを高め、集中モードに突入する儀式なのです。

バッターボックスに入ってからバットを構えるまで、イチローの動作は毎回まったく変わらない。

彼はまず、バッターボックスの土を足でならしながら右手でバットをグルッと一回転させる。その後、左手でユニフォームの右肩をちょっとつまんでバットを構える。この仕草《しぐさ》の順序とリズムは、常に一定である。これまで何千回、いや何万回もくり返してきた儀式である。

人間の脳には「条件反射」という機能が備わっている。いちばんわかりやすいのは、梅干しと唾液《だえき》の関係であろう。私たちが初めて梅干しを見たとき、口の中にはなんの反応も起こらない。しかし、梅干しを口にしたとたん、脳は舌《した》を通して酸《す》っぱさを感じ、唾液腺《せん》に指令を出して唾液を分《ぶん》泌《ぴつ》させる。

梅干しを口に入れることをくり返していると、そのうち梅干しを見ただけで唾液が出るようになる。本来梅干しを見ることと、唾液を分泌させる作用とは何の関係もない。しかし、梅干しを見てそれを食べるという動作をくり返すうちに、新しい神経ネットワークが脳内に形成され、反射的に唾液が出るようになる。

イチローの儀式と集中力は、梅干しと唾液の関係によく似ている。**同じ儀式をしながら集中が要求される作業に入っていくことをくり返すことにより、反射的に脳は集中モードになってくれる。**

儀式だけでなく、イチローはけっこう縁起《えんぎ》も担《かつ》ぐ。手を洗うとき、トイレの洗面器の右を使うか、左を使うかを、球場によって決めていたり、勝ったり、打てたりしたときに球場に履《は》いていった靴《くつ》はかならず翌日も履くという。

あるいは、球場の自動販売機でジュースを買うとき、同じ種類のものが三つあったら、とりあえず左のを買って、その日の試合に負けたら、次の日は真ん中のジュース、それでもダメだったらいちばん右のを買うという。

「なんでこんな細かいことまで気にしなきゃいけないんだって、ホント嫌《いや》になることもあります。自分が勝手にやっているんですけどね。したくないんだけれど、やっぱりやっとかなきゃというのはある」と苦笑いする。

バッターボックスでバットを回すだけでなく、ウエーティングサークルからバッターボックスまでの歩数も毎回何歩とイチローは決めている。

「儀式やゲン担ぎによって気持ちが落ち着ける」というのは、とても便利なテクニックである。それをやれば気持ちが落ち着くという動作が、私たちにもあってもよい。

幼稚園のころ、お気に入りの帽子《ぼうし》や靴を身につけていると、気分がとてもよかったことを覚えているだろう。

うまくいったとき、うまくいかなかったとき、そこにはその行動特有の儀式が大きな影響を及ぼしていることがある。うまく事が運んだとき、何気なくしていた仕草を大切にしよう。そうすれば、あなたの日常生活で良いことがどんどん起こるようになる。

ビジネスにも使える"ゲン担ぎ"

ゲン担ぎは、自分を"○○モード"に突入させるためのスイッチになります。さまざまなビジネスマンに、「あなたのゲン担ぎ(スイッチ・オン)の習慣は?」と聞いてみました
※あなたのスイッチ・オンの習慣も探してみましょう

〈アイデアが生まれるゲン担ぎ(スイッチ)〉

★考えに詰まったら散歩に出る
★毎週木曜日は通勤電車で自由連想
★行きつけの書店に立ち寄る
★コーヒーを左手で持って飲む（スプーンも左手を使う）

〈大切な打ち合わせで有利になるゲン担ぎ(スイッチ)〉

★その直前に、歯を磨き、顔を洗う
★以前、うまくいったときのネクタイを着ける
★不安がよぎったら、静かに深く呼吸する
★移動の際は時間に余裕をもち、いつもよりゆっくり歩くようにする
★その日の電話は、いつもより声のトーンを抑え、笑顔で話すよう心がける

〈穏やかな一日を過ごす朝のゲン担ぎ(スイッチ)〉

★朝起きたら窓を開け、東に向かって拍手をうつ
★朝目覚めたら「あ～スッキリ！」と声に出す（たとえ寝不足でも）
★玄関は左足から出て、マンションのエントランス（門）まで同じ歩数で歩く（合わなかったらやり直す）
★通勤電車に乗り込むときに、小さな声で「よしっ」とつぶやく

↓ ボーッとした状態

↓ ゲン担ぎでスイッチが入る

↓ "やる気モード"になる

良い結果が出る

「がんばりすぎる」から仕事がダメになる

常に「○○しなければ」と、忙しく動き回っている人がいます。でも、こんな追い込まれた状態では、そのうち窒息することは、目に見えています。

イチローは日本のプロ野球界で七年連続首位打者という金字塔《きんじとう》を打ち立てた。おそらくこれからもこの記録が破られることはないだろう。

トップになることは難しい。しかし、トップを維持することはもっと難しい。トップになると肩に力が入りすぎる。トップの座を守ろうとする欲望が強すぎてつい「もっとがんばろう」と考えてしまう。

ヤンキースとの契約最終年になる二〇〇九年の松井秀喜《ひでき》選手が苦しんでいる。これまで数々の栄光を築いてきた彼だが、八月四日現在、打率二割六分、ホームラン一六本、四八打点。松井選手としてはやや不本意な成績である。

膝《ひざ》の不安から、守備機会のないDHや代打として起用される場合が多いのも気になるところである。

スランプになった選手をつかまえて、コーチが「もっと気合を入れろ」とハッパをかけている。それが選手の心の中に力みを生み出し、ますます泥沼《どろぬま》状態に引き込んでいく。

スランプになったら「がんばる心」を封じ込めて、リラックスすればよい。

イチローの表情や仕草を観察すると、決してがんばっていないことがよくわかる。淡々とバッターボックスに入り、いつもの仕草をくり返し、ボールにバットを合わせることだけを考えている。

がんばりすぎがよくない結果を生み出すことを、イチローは心の中にしっかり刻み込んでいる。

小さいころ、イチローは宣《のぶ》之《ゆき》さんからこんなアドバイスを受けた。

「がんばりすぎてはダメ。常に自分のベストを尽くすことだけを考えなさい」

がんばることと、ベストを尽くすことが違うことを宣之さんは知っていた。

これはイチローにとってラッキーだった。もしも父親が、「イチロー、まだ努力が足りないぞ。もっとがんばらなきゃ！」と尻《しり》を叩《たた》いていたら、現在のイチローは生まれていなかっただろう。

NBAのチャンピオンに何度も輝《かがや》いたシカゴ・ブルズの名物ヘッドコーチであったフィル・ジャクソンの口グセがある。

「期待せずに、起こるべくして起こるようにもっていくことだ。優勝のチャンスを逃《のが》すのはわれわれ自身で、それ以外の何者でもないというのが、わがチーム全体のシナリオ、全体の柱になっている」

これはビジネスでもまったく同じこと。

上司が「がんばり続けろ！走り回れ！」と部下にハッパをかけている。けれど、いくら目の色を変えて走りまわったところで事態が好転するわけではない。日本人の多くが「しなければ症候群」に苛《さいな》まれている。

「締め切りに間に合わせなければ……」「売り上げ目標を

誰にでもあるスランプと上手につき合うには

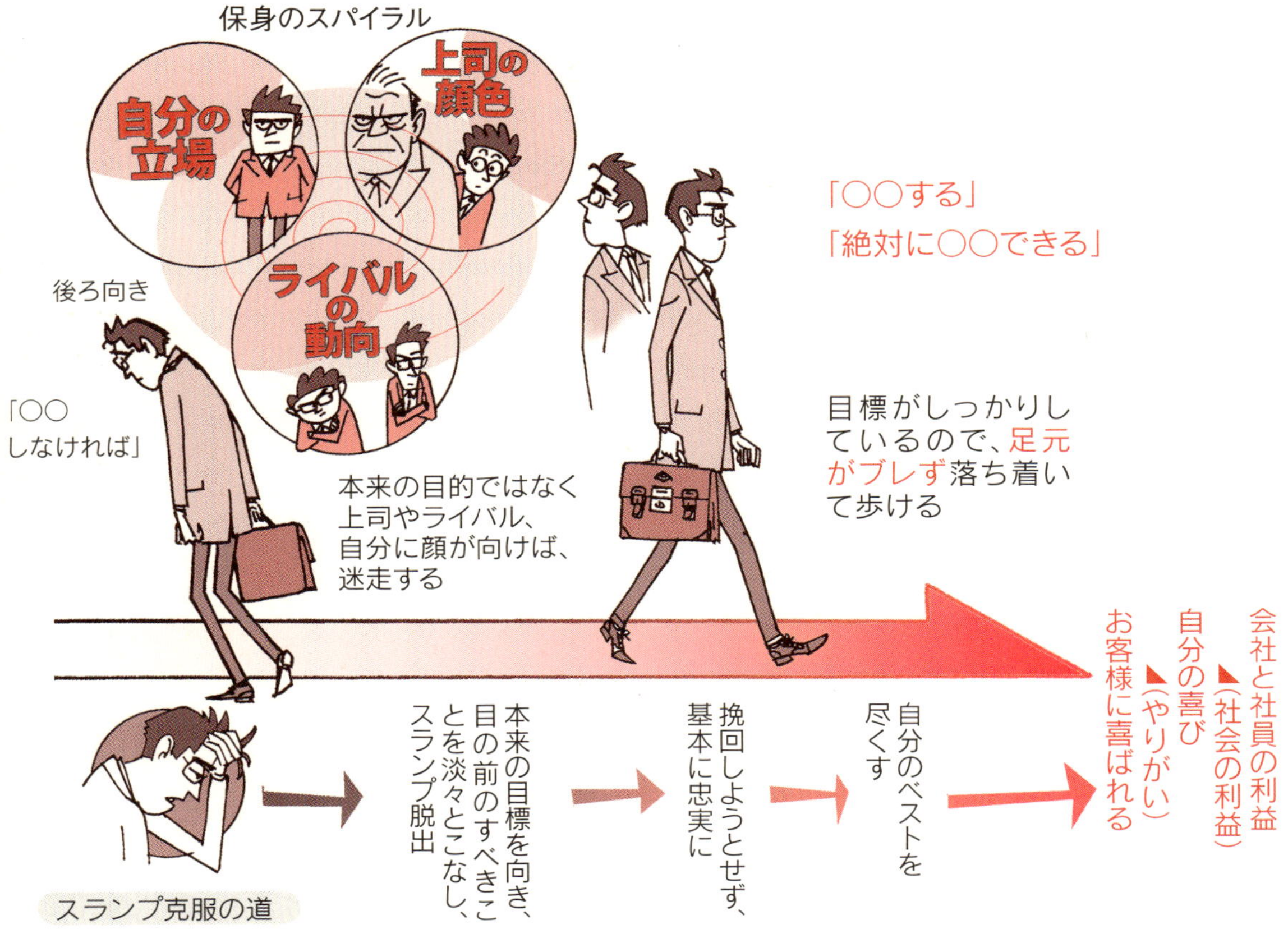
保身のスパイラル
自分の立場
上司の顔色
ライバルの動向
後ろ向き
「○○しなければ」
本来の目的ではなく上司やライバル、自分に顔が向けば、迷走する
「○○する」
「絶対に○○できる」
目標がしっかりしているので、足元がブレず落ち着いて歩ける
会社と社員の利益 ◀(社会の利益)
自分の喜び ◀(やりがい)
お客様に喜ばれる
スランプ克服の道
本来の目標を向き、目の前のすべきことを淡々とこなし、スランプ脱出
挽回しようとせず、基本に忠実に
自分のベストを尽くす

達成しなければ……」「週末のゴルフコンペで上位に入らなければ……」といった言葉がつねに頭の中を駆《か》けめぐり、支配している。

確かに、「しなければ症候群」の人たちは、それなりの実績を上げている。次々と押し寄せてくる仕事の洪水《こうずい》をなんとか処理しているうちはいい。ところが、いったん袋小路《ふくろこうじ》に入ってしまうと、パニック状態におちいって業績が急降下してしまう。

あなたの毎日から「……しなければ」というメッセージを徹底的に排除しよう。

「締め切りに間に合わせなければ……」を「締め切りまでに仕事は完了できる」というメッセージに変えてしまえばいい。

「売り上げ目標を達成しなければ……」を「売り上げ目標は達成できる」に変更すればいい。

上司の機嫌《きげん》をうかがいながら仕事をするから、「しなければ症候群」の亡者《もうじゃ》となってパニックにおちいるのである。

「しなければならない」から「できる」というメッセージに変えて自分の仕事に全力投球する。これが仕事の効率を高めてくれるだけでなく、ストレスレベルも確実に低下させてくれる。

ライバルより優位に立ちたいなら、まず心の平静を保つこと。決してがんばってはいけない。

ちょうどイチローがバッターボックスに入るときのように、肩の力を抜いて、自分の仕事の足元を固めることから始めてみよう。

●自分の能力の最高レベルで仕事をすることだけに意識を集中する。
●目的なくあくせく動き回ることをやめて、心を落ち着けて自分の仕事を見直してみる。
●自分の能力を信じて、肩の力を抜いて淡々と仕事をこなしていく。

こんなことを実行するだけで、あなたも仕事でイチローの域に達することができる。

多忙な人ほど「一人の時間」を大切にする

イチローは試合後、一人で黙々と道具を磨く。なぜか？自分を見つめることで、自分を取り戻し、新しい自分に生まれ変わるきっかけにもなるからです。

試合後、イチローがたっぷり時間をかけてグラブとスパイクを徹底的に磨くことを、みなさんは知っているだろうか。

もちろん、イチロー以外にも道具をしっかりと磨くプロ野球選手はいる。しかし、イチローのように毎試合完璧《かんぺき》なまでに気持ちを込めて磨く選手はそうはいない。

単純にいえば、「名選手ほど道具を大事にする」ということなのだろうが、もう少し深く考察を加えていくと、そこにはもっと大きな理由が見えてくる。

「イチローが道具を磨くのは、一人きりになって完璧にリラックスできる瞬間を確保するため」と、私は見ている。

イチローのようなスーパースターになると、マスコミに追いまくられてプライベートな時間を確保することは、なかなか難しい。たとえ、両親や妻であっても、そこから離れてたった一人きりになりたい、という欲望を、彼はグラブやスパイクを磨くことによって確保している、と私は考えるのである。

これに関していえば、競輪《けいりん》界のスーパースター神山雄一郎選手もまったく同じ習慣を身につけていた。

神山選手があるインタビューで次のようなことを語っている。

「これがリラックスに結びついているのかどうかはわかりませんが、家の中で自転車の手入れをしていることがボクは好きなんです。周囲には誰もいちゃいけなくて自分だけ。世界選手権とか自転車関係のビデオを見ながら自転車の手入れをしていると、アッという間に二時間三時間がたってしまうんですよ。これが僕の唯一《ゆいいつ》のリラックス法なのかもしれませんね」

先の見えない深刻な不況がビジネス界を覆《おお》っている。リストラや減給、あるいは閑職《かんしょく》に追いやられたりと、日々ストレスのたまる話が充満している。

このような時代をうまく切り抜けるために、一人きりになって自分を見つめ直す時間をなんとしても確保してもらいたい。

不思議なことに、多忙な人ほど「一人きりの時間」を確保する達人である。

タイガー・ウッズやマリア・シャラポワらトップアスリートのマネジメントを担当している世界最大のスポーツエージェント「ＩＭＧ」を創設した故マーク・マコーマックはかつてこう語っている。

「アメリカ大統領との昼食会と、毎週決まった時間に楽しんでいるテニスのプレーのどちらを優先させるかと聞かれたら、私は迷わず後者を選択する。もちろん、そんな状況になったことがないから大統領との昼食会をキャンセルしたことなどないが、それほどプライベートな時間は大切だと、私は言いたいわけだ」

忙しい人ほど「一人の時間」をもつ
プライベート
プライベート
昨日の会へのお礼は…
……
目標の数字をどうクリアする…
あのトラブルをどう処理する…
お客様への連絡は…
……
メールの返信は…
進行中の仕事の気がかり……
会議の資料づくり……
部下の育成とメンテナンス…
……
……
忙しい人ほど多くの懸案を抱えている
さらに…
人と対峙すれば、新たな情報も増えるが、課題も心配も増える
負担過剰でやる気喪失
このまま放っておくと…
・頭の中が整理できず、混乱
・自分を見失う（イライラ）
・スランプ
おしつぶされてしまう
こうなる前に「一人」になる時間を！
ドライブ
運転中、"快感脳"が問題を整理
瞑想
朝の"やる気脳"が問題を整理
気になることをノートに書きなぐる
意外な問題が浮かび上がる

多くの政治家や企業経営者が朝の数時間を「一人きりの時間」に充《あ》てている。一人きりになって自分を見つめることが新しい自分に生まれ変わる起爆剤になっている。

「あー、今日も忙しい、忙しい」と言っている人に限ってバタバタ動きまわっているだけで、自分を見失っている。別にたいした仕事をしているわけでもない。それなのにストレスだけがどんどん溜まっていく。

あなたが「良質の仕事」と「ストレスフリー」の両方の生活を獲得したければ、断固として「一人きりの時間」を確保しなければならない。

●ただ一人部屋にこもって趣味に没頭する。
●週末にはお目当ての海岸めがけて一人で車を飛ばす。
●家族の誰よりも一時間早く起きて、瞑想《めいそう》の時間を確保する。

こんな工夫をするだけで、あなたの人生は成功にどんどん近づいていく。

オフタイムを大事にすれば仕事は自然とうまくいく

「忙しくて自分の時間がない」という人がいます。でも、時間は自分でつくるもの。好きなことに没頭する時間が、脳と体をやる気にさせてくれます。

仲間との会食や散歩の重要性

凝り固まっていた脳が柔軟性を取りもどす

「五感」を通して刺激を受け、脳が元気を取りもどす

子どものころ、イチローには面白い趣味があった。「金魚」である。父親に連れて行ってもらったペットショップで見つけた蘭鋳《らんちゅう》という頭部にコブのある背びれのない金魚である。

「丸っこくてかわいいなあ！」と言いながら、一時間でも二時間でも飽《あ》きずにずっと眺《なが》めていた。イチローの金魚好きはそれからもずっと続き、結婚してからも名古屋の実家に金魚を飼っているという。

「何も考えずにボーッと金魚を眺めていると、気持ちが落ち着くんです。とくに、イライラしているときにはリラックスできる」

これには弓子《ゆみこ》夫人もあきれている。

イチローの活躍の裏には、弓子夫人の存在は無視できない。彼女はイチローの妻であるだけではなく、マネージャーの役目も果たしている。

シーズン前、イチローは「ボクがシアトルで野球に専念できるのは、間違いなく彼女のおかげです」と妻への感謝を込めて語っている。言葉の問題だけでなく、健康管理においても、結婚してメジャーリーグに臨んだことは大正解であった。

イチローの大好物はご飯である。

「幸せと感じる瞬間はどんなときですか？」という質問に、躊躇《ちゅうちょ》なく「うまいコメのご飯を食っているとき」と答えている。

独身時代はレトルトご飯とコーンスープがあれば、一週間でも平気だった。

「結婚していちばん嬉《うれ》しかったことは？」という質問にも「黙っていてもレトルトじゃないご飯がオカズつきで出てくること」と、迷わず答えている。

あなたはリラックスできる空気抜きの役目を果たす趣味を持っているだろうか。ビジネスでスランプにおちいったとき、仕事自体に問題を抱《かか》えているのではなく、オフタイムの過ごし方や息抜きの仕方がまずいことのほうが多い。

ちょうど集中とリラックスが一対《いっつい》のものであるのと同じように、ビジネスタイムとオフタイムも一対のものである。よい仕事をするためには、オフタイムの息抜きの仕方がそのカギを握《にぎ》っている。

- ●週に一度はお気に入りのレストランで気の合った仲間と食事を楽しもう。
- ●週に三度は一時間を確保して、自分の趣味に没頭しよう。
- ●週に五度、三〇分の時間を確保して、ウォーキングかジョギングに親しもう。

いい仕事がしたければ、オフの過ごし方を見直してみよう。オフをうまく過ごす術《すべ》を身につければ、仕事は自然にうまく運ぶようになる。

チームリーダーとしてのイチローの魅力

「名選手、名監督にならず」という格言があります。イチローはどうか？どんな状況にも、やるべき努力を持続し、熱く行動する姿に、名将の資質を見た。

部下がついていく「リーダーの条件」とは

●情報に惑わされず…
➡つねに前方を見定める
●冷静でありながら…
➡熱い気持ちをもつ
●ないものねだりをせず、実力を最大限引き出し…
➡やるべきことに真剣に取り組む
●人間力、仕事力の両面を磨き…
➡チームと仲間を大切にする

二〇〇九年三月に開催された第二回WBCで、日本は見事連覇を成し遂げた。しかし、イチローはこの大会で序盤《じょばん》から極度《きょくど》のスランプに襲われる。けっきょく、今回のWBCのイチローの成績は、四四打数一二安打、打率二割七分三厘、しかも決勝戦を除けば打率は二割一分一厘まで下がってしまう。

そんな苦しみを抱えながらでも、イチローは誰よりも先にボールパークに来て、誰よりも早くバッティングケージに行き、黙々《もくもく》とバッティングの練習に励んだ。

その姿を観ていたチームメイト全員が、「イチローをカバーするのは自分だ」という気持ちになって、モチベーションをぐんぐん上げた。

そして、決勝戦の三月二三日、日本チームは宿敵韓国を、この大会五回目の対戦で、五対三と撃破し、世界連覇を果たした。延長一〇回の表、二死二、三塁の場面で、イチローは劇的なセンター前ヒットを打って日本チームを優勝に導いた。

優勝が決まった瞬間、イチローは日本チームのダッグアウトに戻り、これ以上表現できないほどの喜びを体全体で示しながらハイタッチを行ない、その後一人ひとりの選手と固く抱き合った。

試合後イチロー選手はこう語っている。

「苦しいところから始まって、苦しさから辛《つら》さになって、辛さを超えたら心の痛みになった。最終的にみんなで笑顔になれたし、日本のファンの人たちに笑顔を届けられたことは最高ですね」

じつは韓国との決勝戦の試合開始直前、イチロー選手が音頭《おんど》をとって日本チームは円陣を組んでいる。そこでイチロー選手は「世界一、行くぞ！」と自ら大きな声を張り上げた。そして、選手全員が最後まであきらめずに堂々と闘った結果、最高の結末でこのWBCを締めくくることができたのである。

優勝を決めた延長一〇回の決勝打を思い起こしながらイチロー選手はこう語っている。

「最後の打席では神が降りてきましたね。『ここで打ったら、あの打席では日本でもの凄いことになってる』と思って自分で実況しながら打席に入っていって、そうなるといつも結果が出ないんですけど。いやあ、一つ壁を越えられた気がします」

たとえ成果が上がらなくても、ガッカリせず黙々とチームリーダーとしてやるべき努力を持続させる。それだけでなく、チームリーダーがくり返しメンバーにどんな状況に置かれても結束することの大事さを唱《とな》え続ける。それこそチームリーダーの大切な役割なのである。

さいごに

イチローがメジャーに与えた衝撃は計り知れない。
走・攻・守のすべてにおいて、これほど完成された
プレーヤーをメジャーファンは見たことがなかったはずだ。
彼の八年間の活躍は、日本のプロ野球のレベルに
信頼感を与えた。
「日本人プレーヤーは投手でしか通用しない」——。
日本人プレーヤーに対するそれまでの専門家の
そんな見方を根本的に覆《くつがえ》して、野手がメジャーでも
通用することをイチローは証明してみせた。
松井秀喜、松井稼頭央、城島健司、福留孝介といった
日本を代表する野手が活躍している事実は、
イチローの成功と無関係ではない。
イチローが偉大なメジャーリーガーに成り得たのは、
彼の天賦《てんぷ》の才能だけでは説明はつかない。
「継続は力なり」を人生の中で実行して、見事に才能の花を
開かせたから、現在のイチローがあるのだ。
あるときイチローはこう語っている。
「五〇歳のシーズンを終えたときにね、こう言いたいんですよ。
『まだまだ発展途上ですから』って」。
二〇二四年のシーズン、私たちは髪に白いものが交じった
イチローを見ることができるだろうか。

※本書は、『イチローに学ぶ「天才」と言われる人間の共通点』(KAWADE夢文庫)を最新データをふまえて「イラスト図解版」として加筆・再編集したものです。

参考文献
『快進撃！日本人大リーガー』別冊宝島編集部（宝島社）／『イチロー「勝利の方程式」』永谷脩（三笠書房）／『勝利の哲学』チャーリー・ジョーンズ（TBSブリタニカ）／『イチロー・インタビュー』小松成美（新潮社）／『大リーグ「悪」の管理学』タック川本（祥伝社）／『イチロー素顔の青春』吹上流一郎（ラインブックス）／『イチローと私の二十一年』鈴木宣之（二見書房）／『イチロー主義』小川勝（毎日新聞社）／『イチローの謎』チーム51編（LIBERO）／『中谷彰宏の成功塾』中谷彰宏、『中谷彰宏の自分塾』中谷彰宏（以上、サンマーク出版）／『イチローイズム』石田雄太（集英社）／『イチロー　北野武　キャッチボール』北野武ほか（ぴあ）／『遥かなイチロー、わが友一朗』義田貴士（KKベストセラーズ）／『Sports Graphic Number』（文藝春秋）

児玉光雄（こだま・みつお）

1947年、兵庫県生まれ。京都大学工学部卒。UCLA 大学院卒。住友電気工業研究開発本部に勤務後、米国オリンピック委員会スポーツ科学部門で、最先端のスポーツ科学を研究。帰国後、スポーツのトッププレーヤーのメンタルトレーナーとして独自のイメージトレーニング理論を開発。現在、鹿屋体育大学教授。日本スポーツ心理学会会員。著書は、『なぜゴルフはナイスショットが「絶対に」再現できないのか』『人望の正体』など多数。ホームページアドレスは、http://www.m-kodama.com/

イラスト図解版
イチローに学ぶ
勝利する人の習慣術

2009年9月1日　　初版発行

著者——児玉光雄

企画・編集——株式会社夢の設計社
東京都新宿区山吹町261
〒162-0801
TEL(03)3267-7851(編集)

発行者——若森繁男
発行所——株式会社河出書房新社
東京都渋谷区千駄ヶ谷2-32-2
〒151-0051
TEL(03)3404-1201(営業)
http://www.kawade.co.jp/

デザイン————スタジオ・ファム
カバーイラスト—板垣しゅん
本文イラスト——山本サトル
皆川幸輝
所ゆきよし

DTP————アルファヴィル
印刷・製本——中央精版印刷株式会社

Printed in Japan ISBN978-4-309-65111-8